잠언으로 자녀를 축복하는 읽는기도 ①
*지혜와 훈계의 사람

한치호 목사의 다른 책들

- 구역장 기도수첩, 도서출판 세줄_2015
- 가족을 축복하는 읽는기도 100일, 도서출판 세줄_2015
- 정시 기도-읽는기도문, 종려가지_2014
- 능력기도 예배대표기도문, 두돌비_2013
- 기도, 처음인데 어떻게 하나요, 두돌비_2012
- 심방 예배 인도서, 두돌비_2011
- 가정 추모 예배서, 두돌비_2008
- 자녀를 위한 365일 축복기도문, 두돌비_2006.

잠언으로 자녀를 축복하는 읽는기도 ①

* 지혜와 훈계의 사람

한치호 목사 기도

문서사역
|종|려|가|지|

* 이 책을 만드는 데 동역해주셨습니다.

서울 | 한혜경, 한덕현, 최정숙, 채규만, 조정순, 정진화, 정옥화, 정광영, 정관영, 정경학, 이철준, 이은문/김미옥, 이순훈, 이수현, 이덕화, 이경순, 윤여병, 왕영근, 양영규, 양명자, 심경숙, 손상곤, 박항애, 박진석, 박상화, 박광용, 문복희, 김혜원, 남형식, 김영순, 김영석, 김연재, 권선희, 곽영구, 고광원, 강경옥/이은중(38)

부산 | 한태근, 최상권, 최만호, 정호열, 장융설, 장선, 이우성, 이대희, 이기섭/김창실, 이경수, 박명주, 김주화, 김성욱, 김성률, 권석근(16)

인천 | 황혜래, 백희자, 박은혜, 박승주(4)

대구 | 원희정, 김민(2)

대전 | 최동규(1)

광주 | 백남선, 김하석(2)

강원 | 정효영, 용숭숙, 백기호(3)

경기 | 황요섭, 함희자, 최희경, 최광섭, 최경림, 조정희, 정주리, 이현주, 이종순, 이정학, 이응준, 이유진, 이영숙, 이수연, 이성배, 이미선, 이강은, 이갑운, 윤수경, 엄사라, 심우철, 신귀남, 손수환, 변찬은, 문영섭, 라성열, 김희일, 김정현, 김은희, 김윤자, 김연화, 김명심, 강진희(33)

경상 | 홍명자, 허남길, 정현옥, 유동열, 원효섭, 성은진, 도신복, 김영선(8)

전남 | 정규연, 윤영숙, 안에스더, 문채웅, 김희진, 김지영, 김삼형, 김금숙(8)

전북 | 주우경, 이완수, 유호걸, 심민택/신희옥, 소명옥, 백귀덕, 김도경, 김귀숙, 강용덕(10)

제주 | 안영숙(1)

충청 | 조봉수, 이경자, 유재한, 우충희, 안은숙, 손승구, 서현주, 도태희, 김진수(9)

잠언으로 자녀를 축복하는 읽는기도 ①

1판 인쇄일, 2016년 3월 25일
2쇄 발행일, 2020년 1월 20일

지은이_ 한치호
펴낸이_ 한치호
펴낸곳_ 종려가지
등 록_ 제311-2014000013호(2014. 3. 21)
주 소_ 서울특별시 은평구 은평로 14길 9-5
전 화_ 02. 359. 9657
디자인 표지 이순옥
디자인 본문 구본일
제작대행 세줄기획(02.2265.3749)

값 8,000 원   ISBN 979-11-87200-03-1   03230

@2016, 종려가지

문서사역에 대한 질문은 모바일 010. 3738. 5307로 해주십시오.

●

이르되 아이가 죽는 것을 차마 보지 못하겠다 하고 화살 한 바탕 거리 떨어져 마주 앉아 바라보며 소리 내어 우니 하나님이 그 어린 아이의 소리를 들으셨으므로 하나님의 사자가 하늘에서부터 하갈을 불러 이르시되 하갈아 무슨 일이냐 두려워하지 말라 하나님이 저기 있는 아이의 소리를 들으셨나니.(창 21:16-17)

●

그가 가까이 가서 그에게 입맞추니 아버지가 그의 옷의 향취를 맡고 그에게 축복하여 이르되 내 아들의 향취는 여호와께서 복 주신 밭의 향취로다.(창 27:27)

●

마노아가 이르되 이제 당신의 말씀대로 되기를 원하나이다 이 아이를 어떻게 기르며 우리가 그에게 어떻게 행하리이까.(삿 13:12)

●

초저녁에 일어나 부르짖을지어다 네 마음을 주의 얼굴 앞에 물 쏟듯 할지어다 각 길 어귀에서 주려 기진한 네 어린 자녀들의 생명을 위하여 주를 향하여 손을 들지어다 하였도다.(애 2:19)

●

사람들이 예수께서 만져 주심을 바라고 자기 어린 아기를 데리고 오매 제자들이 보고 꾸짖거늘.(눅 18:15)

●

또 아비들아 너희 자녀를 노엽게 하지 말고 오직 주의 교훈과 훈계로 양육하라.(엡 6:4)

차례

1주차 | 잠 1:1-2~1:15 ·············· 8

2주차 | 잠 1:19~1:31 ·············· 15

3주차 | 잠 1:33~2:10-11 ·············· 22

4주차 | 잠 2:12, 19~3:7-8 ·············· 29

5주차 | 잠 3:9-10~3:21 ·············· 36

6주차 | 잠 3:24~4:4 ·············· 43

7주차 | 잠 4:8~4:25-26 ·············· 50

8주차 | 잠 4:27~5:21 ·············· 57

9주차 | 잠 6:2~6:18 ·············· 64

10주차 | 잠 6:25~7:25 ·············· 71

11주차 | 잠 8:17~9:9 ·············· 78

12주차 | 잠 9:10~10:5 ·············· 85

13주차 | 잠 10:6~10:19 ·············· 92

14주차 | 잠 10:26~11:9 ·············· 99

15주차 | 잠 11:10~11:22 ·············· 106

16주차 | 잠 11:25~12:11 ················ 113

17주차 | 잠 12:16~12:26 ················ 120

18주차 | 잠 12:28~13:7 ················· 127

19주차 | 잠 13:12~14:1 ················· 134

20주차 | 잠 14:4~14:21 ················· 141

21주차 | 잠 14:23~15:1 ················· 148

22주차 | 잠 15:3~15:20 ················· 155

23주차 | 잠 15:22~16:2 ················· 162

24주차 | 잠 16:3~16:29 ················· 169

25주차 | 잠 16:30~17:7 ················· 176

26주차 | 잠 17:9~17:24 ················· 183

맺는 글 ······································· 190
하나님께서는 애들을 키우시고,
우리에게는 하나님께 여쭈라 하신다.

1주차 1일

잠 1:1-2, 다윗의 아들 이스라엘 왕 솔로몬의 잠언이라 이는 지혜와 훈계를 알게 하며 명철의 말씀을 깨닫게 하며

지혜의 근본이 되시는 하나님,
저의 마음에 ㅇㅇ(이)를 위하여 기도하게 하셨음에 감사드립니다. 사랑하는 자녀를 위하여 간구하는 마음을 주시고, 마땅히 부모로서 자녀의 복된 삶에 관심을 갖게 하셨음을 즐거워합니다.
저희 부부에게 자녀를 축복하는 영이 충만하게 하시옵소서. ㅇㅇ(이)를 사랑하시는 하나님의 심정을 저희에게 주사 자녀를 축복하는 부모가 되게 하시고, 자녀를 위함이 축복의 기도로 시작되게 하시옵소서.
ㅇㅇ(이)가 이 땅에서 지내는 동안에, 하나님을 마음 중심에 모시게 하시고, 성령님을 의지하게 하시옵소서. 하나님의 말씀으로 지혜를 깨닫게 하시고, 자기에게 놓여 진 일들을 분별하게 하시옵소서.
지혜의 근본이 되시는 하나님께서 ㅇㅇ(이)에게 가까이 해주시옵소서. 오늘, 한 날을 사는 동안에 ㅇㅇ(이)가 하나님의 영에 붙들리기를 원합니다. ㅇㅇ(이)가 자신의 머리를 써서 하는 것은 지혜로운 행동이 아님을 잊지 않게 하시옵소서. 오직 하나님을 가까이 하는 중에, 성령님께서 주시는 깨달음으로 생각을 하고, 행동을 결정짓게 하시옵소서.

이어서 자녀의 상황에 따라 성령님께서 이끌어주시는 대로 빈다.

예수님의 이름으로 기도드립니다. 아멘

 잠 1:1-2을 소리를 내어 심장을 깨우듯이 읽으십시오.

1주차 2일

잠 1:3, 지혜롭게, 공의롭게, 정의롭게, 정직하게 행할 일에 대하여 훈계를 받게 하며

노하기를 더디하시는 하나님,
죄를 짓더라도 금방 벌을 내리시지 않고, 오래 참으시는 은혜에 감사드립니다. 그 자비하심에, 이렇게 지내고 있습니다. 저희들이 죄에서 돌아서기를 기다리시는 하나님의 마음을 바라게 하시옵소서.
오늘, 저희 부부에게 간구의 영으로 충만하게 하시옵소서. 가정을 위하여 간구하고, 자녀를 위하여 축복하는 부모가 되게 하시옵소서. 하나님께 소망을 두고 기도하는 가정이 되게 하시며, 자녀 또한 부모에게 영향을 받아 기도하는 사람으로 자라기를 원합니다.
저희 자녀가 하나님의 말씀에서 삶의 방법을 배우도록 해주시옵소서. 그 말씀의 진리로 자신의 생각이 다스려지게 해주시옵소서. ○○(이)가 하나님의 말씀으로 생각하게 해주시며, 그 생각에 자신의 마음을 맡기게 하시옵소서. 그 마음을 행동으로 옮겨 진리 안으로 들어가게 하시옵소서.
종일을 지내는 동안에, ○○(이)가 여호와 앞에서 성령님께 충만하기를 빕니다. 오직 성령님의 인도를 받아 하나님의 말씀을 자기의 습관으로 삼도록 이끌어 주옵소서.

　　　　　이어서 자녀의 상황에 따라 성령님께서 이끌어주시는 대로 빈다.

예수님의 이름으로 기도드립니다. 아멘

 잠 1:3을 소리를 내어 심장을 깨우듯이 읽으십시오.

1주차 3일

잠 1:4, 어리석은 자를 슬기롭게 하며 젊은 자에게 지식과 근신함을 주기 위한 것이니

환난 날에 산성이 되어주시는 하나님,
오늘, 저희 가정에 하나님께서 하나님이 되어 주시기를 빕니다. 하나님께서도 사랑하시는 ○○(이)가 하나님 앞에서 하루를 살아가려는 마음을 품게 해주시옵소서. 그의 눈에 들어오는 것들에 마음을 주지 말고, 오직, 하나님의 말씀에 자기를 맡기는 자녀가 되게 하시옵소서.
언제, 어디에서든지 하나님의 말씀을 기억하며 지내도록 해주심을 빕니다. 그가 어떤 생각이나 행동을 선택하려 할 때, 하나님의 말씀으로 자신을 다스리게 하시옵소서. 혹시라도 친구들과 어울려 옳지 않은 행동을 하게 될 때, 하나님의 말씀으로 자신을 지키게 하시옵소서.
아직은 유약해서 ○○(이)가 자기를 유혹해오는 세력에 대항하기에 서툽니다. 하나님의 말씀으로 자신의 생각과 마음을 다스리게 하시옵소서. 밖에서 접촉하는 것들이 그저 좋아 보이지 않게 해주시옵소서.
성령님의 인도하심에 ○○(이)를 맡깁니다. 잠시라도 어리석지 않도록 해주시옵소서. 죄에 대하여, 불의에 대하여서는 즉시 피할 수 있는 슬기로움을 경험하게 하시옵소서. 성령님께서 죄를 막아주시옵소서.

　　　이어서 자녀의 상황에 따라 성령님께서 이끌어주시는 대로 빈다.
예수님의 이름으로 기도드립니다. 아멘

 잠 1:4을 소리를 내어 심장을 깨우듯이 읽으십시오.

1주차 4일

잠 1:5, 지혜 있는 자는 듣고 학식이 더할 것이요 명철한 자는 지략을 얻을 것이라

응답하시기를 즐겨하시는 주여,
오늘, 우리 가족을 주님의 이름으로 축복합니다. 하나님 앞에서 ○○(이)에게 말씀의 사람으로 살아가기를 즐거워하게 해주시기를 빕니다. 예배 시간에 들은 하나님의 말씀, 공과를 공부하면서 배운 성경의 진리를 가슴에 담도록 하시옵소서.
여호와께 존귀한 ○○(이)가 집에서 지내면서 부모에게서 들은 하나님의 말씀을 생명처럼 여기게 하시옵소서. 부모의 평생을 지켜주었던 하나님의 말씀에 자기의 생명을 걸게 되기를 원합니다. 그리하여 세상적인 학문보다도 신앙의 지식에 능한 ○○(이)가 되게 하시옵소서.
오늘을 지내는 동안에, ○○(이)가 하나님의 말씀을 사모하는 심령으로 준비되게 하시옵소서. 어떤 경우에서든지 하나님의 말씀으로 생각하게 하시고, 그 말씀이 그에게 인생의 지식이 되게 하시옵소서. 성경만으로도 세상을 살아가기에 충분하다는 것을 인식하게 하시옵소서. 결코, 하나님의 말씀을 소홀히 여긴다거나 무시하지 않도록 성령님께서 붙잡아 주시옵소서. 학교의 교실에서 배우게 되는 지식도 중요하게 여기면서, 하나님의 말씀이 주는 지식을 귀하게 여기게 하시옵소서.

　　　이어서 자녀의 상황에 따라 성령님께서 이끌어주시는 대로 빈다.

예수님의 이름으로 기도드립니다. 아멘

 잠 1:5을 소리를 내어 심장을 깨우듯이 읽으십시오.

1주차 5일

잠 1:7, 여호와를 경외하는 것이 지식의 근본이거늘 미련한 자는 지혜와 훈계를 멸시하느니라

높은 곳으로 다니게 해주시는 하나님,
저희 가정에 자녀를 주시고, ○○(이)를 위하여 기도해 오게 하셨음에 찬양을 올려드립니다. ○○(이)를 볼 때마다 저의 소원은 그가 하나님을 경외하고 살아가는 겁니다. 저의 하나님을 향한 사랑이 그의 모습 속에 만들어지게 하시옵소서.
제가 하나님을 아버지라 부르고 사랑으로 섬기듯이, ○○(이)도 하나님을 사랑하기를 원합니다. 그의 마음과 생각에 하나님 앞에서 살아가기를 늘 다짐하게 하시옵소서. 오늘도 하나님의 자녀로서 한 날을 지내도록 이끌어 주시옵소서.
사랑하는 ○○(이)에게 오늘의 삶은 하나님께 영광을 드리는 날이 되게 하시옵소서. 오늘, 자신의 생활에서 하나님께서 영광을 찾으신다는 것을 생각하게 하시옵소서. 그리하여 하나님의 영광을 구하는 자세에서 그가 해야 될 것들에 열심히 임하게 하시옵소서.
어제와 같이 오늘도 ○○(이)의 생각에서 하나님께 첫째 자리를 내어드리게 하시옵소서. 집에서와 학교에서 그리고 친구들과의 관계에서 하나님께 영광이 되어드림을 소원하도록 이끌어 주시옵소서.

    이어서 자녀의 상황에 따라 성령님께서 이끌어주시는 대로 빈다.

예수님의 이름으로 기도드립니다. 아멘

 잠 1:7을 소리를 내어 심장을 깨우듯이 읽으십시오.

1주차 6일

잠 1:8-9, 내 아들아 네 아비의 훈계를 들으며 네 어미의 법을 떠나지 말라 이는 네 머리의 아름다운 관이요 네 목의 금 사슬이니라

우주 만물을 다스리시는 하나님,
자기의 자녀를 위하시는 하나님의 사랑과 돌보심에 ㅇㅇ(이)를 맡깁니다. 오늘, ㅇㅇ(이)가 자기에게 하늘의 복이 둘러지는 것을 경험하게 하시옵소서. 여호와 앞에서 복 된 자녀가 되기를 빕니다.
우리 하나님의 사랑과 돌보심만이 ㅇㅇ(이)에게 소망이 됨을 믿습니다. ㅇㅇ(이)의 심령을 붙잡아 주시옵소서. 성령님께서 강권적으로 그의 생각이나 말 그리고 행동을 다스려 주시옵소서.
ㅇㅇ(이)가 사람에게 숨긴 죄가 있다면 회개하도록 이끌어주시옵소서. 자기의 죄를 뉘우치지 않고서는 견디기 힘든 심령이 되게 하시옵소서. 죄를 자복하고, 용서하시는 하나님의 사랑에 눈물겹도록 하시옵소서.
오늘, 꼭 들어야 하는 하나님의 말씀에 귀를 기울이게 해주시옵소서. 종일을 지내면서 하나님께 올려드려야 할 것이 있다면 뒤로 미루지 않고, 즉시 순종하도록 그의 심령을 갈급하게 해주시기를 빕니다.
하나님 앞에서는 언제나 부지런하게 하시옵소서. 사랑하는 저희 자녀가 자기 자신을 위한 것이라면 게으를 수 있지만, 하나님께는 언제나 부지런하게 하시옵소서.

이어서 자녀의 상황에 따라 성령님께서 이끌어주시는 대로 빈다.

예수님의 이름으로 기도드립니다. 아멘

 잠 1:8-9을 소리를 내어 심장을 깨우듯이 읽으십시오.

1주차 7일

잠 1:15, 내 아들아 그들과 함께 길에 다니지 말라 네 발을 금하여 그 길을 밟지 말라

긍휼히 여기시는 여호와여,

오늘, 하나님께 대하여 ○○(이)가 복 되게 해주시기를 빕니다. 그가 복 된 자가 되기 위해서 따라야 할 것과 거절해야 할 것을 깨달아 선택하게 하시옵소서. 그에게 놓인 것이라 하여 무엇에든지 마음을 두지 않게 하시고, 하나님 앞에서 지혜롭도록 인도해주시옵소서.

사랑하는 ○○(이)가 세상을 대할 때, 쫓아가야 할 것이 있고, 피해야만 할 것이 있음을 언제나 생각하게 하시옵소서. 가져야 할 것과 버려야 할 것을 구별하는 능력을 지니도록 도와주시옵소서. 그 구별할 줄 아는 능력이 바로 지혜라 믿습니다.

언제나 나쁜 짓은 달콤하게 여겨지고, 마음과 생각을 빼앗는 유혹으로 다가오니, 그 유혹을 거절하도록 붙들어 주시옵소서. ○○(이)에게 때로는 갈등이 생기고, 혹시 외톨이가 된다 할지라도 혼자 편에 설 수 있는 용기를 갖게 하시옵소서. 성령님께서 함께 하여 주시옵소서.

친구들에게서는 외톨이가 되어도 하나님과 함께 하는 편을 선택하게 하시옵소서. 자신의 마음과 생각을 하나님께 고정시키고, 나쁜 길로 가려는 발을 멈추게 하시옵소서.

이어서 자녀의 상황에 따라 성령님께서 이끌어주시는 대로 빈다.

예수님의 이름으로 기도드립니다. 아멘

 잠 1:15을 소리를 내어 심장을 깨우듯이 읽으십시오.

2주차 1일

잠 1:19, 이익을 탐하는 모든 자의 길은 다 이러하여 자기의 생명을 잃게 하느니라

자기의 공의를 비추시는 하나님,

오늘, 한 날이 ○○(이)에게 복이 되기를 빕니다. 하나님께서 준비하신 복을 다 받아 누리는 하루가 되게 하시옵소서. ○○(이)가 집에서, 학교에서, 또는 친구들과 지내는 중에 여호와의 복 주심을 누리게 하시옵소서.

저희들에게 예수님께서 이 땅에 계시는 동안에 이익을 찾지 않으셨음을 주목하게 해주시옵소서. 그리하여 부모인 저희들부터 당장 눈앞의 이익을 구하지 않음으로써 ○○(이)도 이익을 구하지 않기 원합니다.

이 땅에서는, 마귀가 이익을 가지고 우리를 속이고 있습니다. 마귀가 사람들에게 하나님을 멀리 하도록 하고, 때로는 사람들에게 서로 미워하고, 싸우게 합니다. 사람의 이익보다 하나님께서 인정하시는 편을 선택하게 하시옵소서.

저희들은 살아가는 중에, 당장의 이익에 눈이 어두워서 결국에는 넘어진 이들을 많이 보아왔습니다. 얻을 것 같았지만 잃어버리고 말았습니다. 저희들 자신이나 ○○(이)가 그런 결과를 보지 않기를 소원합니다. 하나님보다 자신의 이익에 마음을 두지 않게 하시옵소서.

   이어서 자녀의 상황에 따라 성령님께서 이끌어주시는 대로 빈다.

예수님의 이름으로 기도드립니다. 아멘

 잠 1:19을 소리를 내어 심장을 깨우듯이 읽으십시오.

2주차 2일

잠 1:20, 지혜가 길거리에서 부르며 광장에서 소리를 높이며

나의 왕이신 주여,

오늘, 사랑하는 ○○(이)가 하나님께 자신을 내어드리게 하시옵소서. 그의 인생을 복 되게 하시려고, 들려주시는 말씀에 자기를 맡기게 하시옵소서. 말씀을 선택해서 순종한다든지 거절하는 등의 어리석은 행동을 보여드리지 않게 하시옵소서.

성령님께서 ○○(이)에게 강권적으로 임하셔서 하나님의 말씀을 존중하게 하시기를 원합니다. 그의 마음을 다스리셔서 하나님의 말씀을 지키는 즐거움을 누리게 하시옵소서. 오늘, 한 날을 지내는 동안에, 어떤 경우에도 하나님께 대하여 건방지지 않도록 다스려 주시기를 빕니다. 하나님의 말씀을 들은 둥, 안 들은 둥 하지 않게 하시고, 오직 하나님께 순종하게 하시옵소서. 그리고 순종을 다하지 못했음에 하나님께 죄송스러워하게 하시옵소서. 하나님께서는 말씀을 하시고, ○○(이)는 오직 순종하게 해주시옵소서.

하나님의 말씀을 듣기 위해서 ○○(이)에게 자신의 마음을 조용히 하도록 이끌어 주시옵소서. 하루를 지내는 중에, 자기의 주변을 조용히 해서 하나님께서 말씀을 하시는 음성을 듣게 해주시옵소서.

　　　이어서 자녀의 상황에 따라 성령님께서 이끌어주시는 대로 빈다.

예수님의 이름으로 기도드립니다. 아멘

 잠 1:20을 소리를 내어 심장을 깨우듯이 읽으십시오.

2주차 3일

잠 1:22, 너희 어리석은 자들은 어리석음을 좋아하며 거만한 자들은 거만을 기뻐하며 미련한 자들은 지식을 미워하니 어느 때까지 하겠느냐

우리를 만족하게 하시는 하나님,
자녀를 위하여 간구하게 하신 하나님께 찬양을 드립니다. 기도가 거듭되면서 저희 자녀를 위하시는 하나님의 사랑을 깨닫습니다. ○○(이)를 향하신 하나님의 인자하심으로 기도하는 부모가 되게 하시옵소서.
○○(이)가 하늘에 속한 하루를 보내게 해주시옵소서. 그리하여 먼저, 어리석은 자가 되지 않도록 이끌어 주시옵소서. 어리석은 행동으로부터 자신을 지키도록 하시옵소서. 여호와 앞에서 죄가 되는 행동은 가까이 하지 않도록 성령님께서 막아주시기를 빕니다.
이어서, 거만한 자가 되지 않도록 이끌어 주시옵소서. 으뜸이 되기를 좋아하거나 거드름을 피우는 행동을 즐거워하지 않게 하시옵소서. 예수님의 겸손을 배워, 낮은 자리로 가기를 좋게 여기게 하시옵소서.
나아가 미련한 자가 되지 않도록 이끌어 주시옵소서. 하나님의 말씀을 자기의 마음에 두기를 싫어하지 않게 하시옵소서. 이 땅에 계시는 동안에, 하나님의 영광만을 구하셨던 예수님을 배우게 하시옵소서. 오늘, 하나님께서 미워하시는 일을 금하도록 은혜를 내려 주시옵소서.
  이어서 자녀의 상황에 따라 성령님께서 이끌어주시는 대로 빈다.
예수님의 이름으로 기도드립니다. 아멘

 잠 1:22을 소리를 내어 심장을 깨우듯이 읽으십시오.

2주차 4일

잠 1:23, 나의 책망을 듣고 돌이키라 보라 내가 나의 영을 너희에게 부어 주며 내 말을 너희에게 보이리라

결코 변하지 아니하시는 하나님,
하나님 앞에서 ○○(이)가 하루를 시작하기를 빕니다. 여호와께 숨기고 있는 죄를 회개하게 하시고, 용서해주시는 은혜로 죄에 대한 두려움에서 떠나게 하시옵소서. 지은 죄를 고백하지 않음으로써 그 죄에 갇혀 있지 않도록 성령님께서 회개의 영을 부어 주시옵소서.
주위의 사람들은 모르지만, 하나님만이 알고 계신 죄를 회개하여 ○○(이)가 성령님께 충만하도록 도와주시옵소서. 그의 심령에서 성령님의 새롭게 하시는 은혜가 풍성함을 경험하게 하시옵소서. 성령님께서 임하심으로 말미암아 하나님께 지혜롭고, 총명하게 하시옵소서.
성령님의 인도하심에 따라 하나님을 하나님으로 섬기게 하시옵소서. 성령님의 충만하심이 오늘, ○○(이)에게 새 날의 삶이 경험되도록 이끌어 주실 것을 빕니다. 성령님께서만 죄를 멀리하게 하심을 믿습니다. 성령님께서 지식으로 충만하게 하셔서 하나님의 말씀을 깨닫게 해주시고, 그 말씀에 순종하여 지혜 있는 자가 되게 하시옵소서.
성령님의 감동하심으로 하나님의 말씀이 송이 꿀처럼 단 것을 경험하게 하시옵소서. 그 말씀을 지켜서 복 된 인생을 경험하게 하시옵소서.

　　　　이어서 자녀의 상황에 따라 성령님께서 이끌어주시는 대로 빈다.
예수님의 이름으로 기도드립니다. 아멘

 잠 1:23을 소리를 내어 심장을 깨우듯이 읽으십시오.

2주차 5일

잠 1:24, 내가 불렀으나 너희가 듣기 싫어하였고 내가 손을 폈으나 돌아보는 자가 없었고

홀로 다스리시는 주여,
오늘은 여호와 앞에서 저희 자녀가 복 된 날이 될 것을 믿습니다. 마귀가 우는 사자와 같이 ○○(이)에게 달려들지 못하도록 성령님께서 막아주시기를 빕니다. 마귀에게 삼킬 자가 되지 않도록 그의 심령을 지켜 주시옵소서.
하나님께서 복을 주시려고 말씀을 하시는데, ○○(이)가 그 말씀을 듣기 싫어하지 않도록 이끌어 주시기를 원합니다. 하나님께서 영생을 약속하시려고 하시는 말씀에 단 마음으로 귀를 기울이게 하시옵소서. 부모의 잔소리를 듣기 싫어하던 때처럼 굴지 않게 하시옵소서.
한 날을 지내는 중에, ○○(이)가 자기를 오라고 하나님께서 손을 펴시는 것을 믿음의 눈으로 보게 하시옵소서. 자기와 함께 해주시겠다고 기다리시는 하나님의 손을 붙잡게 하시옵소서.
어느 순간에라도, ○○(이)가 여호와께 등을 보여드리지 않게 하시옵소서. 하나님의 음성을 사모하고, 하나님께 찬양을 올려드림이 즐겁게 하시옵소서. 혹시, 마귀가 유혹하려 할 때, 민첩하게 대적하게 하시옵소서. 마귀에게 틈을 주지 않고, 지내도록 은혜를 내려 주시옵소서.
　　　이어서 자녀의 상황에 따라 성령님께서 이끌어주시는 대로 빈다.
예수님의 이름으로 기도드립니다. 아멘

 잠 1:24을 소리를 내어 심장을 깨우듯이 읽으십시오.

2주차 6일

잠 1:25, 도리어 나의 모든 교훈을 멸시하며 나의 책망을 받지 아니하였은즉

살아 계신 하나님,

오늘, 하나님께서 존귀하게 여겨주시는 ○○(이)로 말미암아 감사드립니다. 부모가 되는 저희들보다 하나님께서 더 많이 ○○(이)를 사랑해주시고, 복에 복이 되도록 하심을 즐거워합니다.

사랑하는 ○○(이)가 오늘을 지낼 때, 하나님을 마음에 두게 해주시기를 빕니다. 하나님을 주목하는 시간이 되게 하시옵소서. 그리하여 여호와의 말씀들 중에 하라는 명령과 하지 말라는 명령을 잘 구별해서 지키게 하시옵소서. 하나님을 사랑하여 그 말씀에 순종하기 원합니다. 마귀는 오늘도 ○○(이)에게 틈을 타서 하나님을 사랑하는 것에 게으르게 할 것입니다. 여호와를 즐거워하는 것을 귀찮게 여기게도 할 것입니다. 그 말씀을 잘 지켜서 복 된 인생으로 살아갈 것을 소망하게 하시고, 금지하신 것들은 거절하여 책망을 받지 않게 하시옵소서.

언제나 마귀의 계략을 재빨리 알아채게 하시며, 자기의 영혼이 잘 되는 것을 시기하는 마귀의 의도를 분별하게 하시옵소서. 하나님의 말씀을 사랑할 때, 하늘로부터 복이 임한다는 것을 잊지 않게 하시고, 그 말씀을 가까이 함이 귀찮게 여겨지지 않도록 이끌어 주시옵소서.

　　　　이어서 자녀의 상황에 따라 성령님께서 이끌어주시는 대로 빈다.

예수님의 이름으로 기도드립니다. 아멘

 잠 1:25을 소리를 내어 심장을 깨우듯이 읽으십시오.

2주차 7일

잠 1:31, 그러므로 자기 행위의 열매를 먹으며 자기 꾀에 배부르리라

사람의 행실대로 보응하시는 하나님,
오늘, 우리 가족이 여호와 앞에서 자기의 행실이 하나님의 심판을 받게 한다는 것을 기억하기를 원합니다. 여호와께 복 된 인생의 삶이 되도록 자기를 주의하게 하시옵소서. 성령님께서 ○○(이)의 심령을 지켜 주시기를 빕니다.

사랑하는 ○○(이)가 나쁜 생각을 지어내지 않게 하시옵소서. 하나님께서 미워하실 마음을 품지도 않기를 원합니다. 마귀가 미혹하는 일에 자기를 넘겨주어 죄가 되는 행동을 하지 않도록 성령님께서 ○○(이)를 지켜 주시옵소서.

오늘, ○○(이)가 자신의 영혼에 만족을 줄 수 없는 것들에 마음을 두지 않게 하시옵소서. 천국 백성으로서의 삶에 도움이 되지 않고, 자신을 거룩하게 해주지도 않는 것들에 마음을 두지 않기 원합니다. 하루를 지내는 중에, 허망한 것들에 탐욕을 부려 오히려 허전함에 빠지지 않게 해주시옵소서.

하나님께서 인정하시는 마음을 품게 하시옵소서. 스스로 높아지려는 마음, 자기를 드러내려는 생각으로 교만의 유혹에 넘어지지 않도록 붙들어 주시옵소서.

이어서 자녀의 상황에 따라 성령님께서 이끌어주시는 대로 빈다.

예수님의 이름으로 기도드립니다. 아멘

 잠 1:31을 소리를 내어 심장을 깨우듯이 읽으십시오.

3주차 1일

잠 1:33, 오직 내 말을 듣는 자는 평안히 살며 재앙의 두려움이 없이 안전하리라

은혜를 내려주시는 여호와여,

오늘이 ○○(이)를 위한 날이 되게 하시옵소서. 하늘의 문을 여시고, 그의 인생을 위해서 준비하신 복을 내려 주시옵소서. 하나님께서 그 얼굴을 ○○(이)에게 향하여 주시기를 소원합니다.

하나님께 대하여 ○○(이)가 신앙의 진보를 보여드리는 소원을 품게 하시옵소서. 믿음에서 떠난 생각에 붙들려 혹시라도 하나님께 등을 돌리는 순간이 없기를 원합니다. 늘 성령님께 충만하고, 성령님께 자기를 내어들려 하나님께 믿음에서 떠난 행동을 하지 않게 하시옵소서.

오늘을 지내면서, ○○(이)에게 하나님께 민첩함을 경험하는 한 날이 되기를 빕니다. 하나님을 주목하는 삶의 은혜를 누려보는 날이 되게 하시옵소서. 믿음으로 사는 삶에 게을러 하거나 하나님의 뜻을 구하지 않고, 행동하는 교만한 자가 되지 않게 하시옵소서.

○○(이)에게 예배하는 자의 하루가 되기를 빕니다. 화려하고 웅장한 예배당이 예배하게 하지 않고, 목사님의 좋은 설교가 예배하지 않게 한다는 것을 깨달아 알게 하시옵소서. 어디에서든지 ○○(이)가 자기 자신이 예배자가 되어 지내야 한다는 것을 생각하게 해주시옵소서.

이어서 자녀의 상황에 따라 성령님께서 이끌어주시는 대로 빈다.

예수님의 이름으로 기도드립니다. 아멘

 잠 1:33을 소리를 내어 심장을 깨우듯이 읽으십시오.

3주차 2일

잠 2:4, 은을 구하는 것 같이 그것을 구하며 감추어진 보배를 찾는 것 같이 그것을 찾으면

영원하신 아버지 하나님,
오늘, ○○(이)를 주님의 이름으로 축복합니다. 저희 부부에게도 자녀를 축복할 수 있도록 ○○(이)를 주셨음에 감사드립니다. 저희들의 품에서 성인이 될 때까지 양육의 사명을 사랑으로 감당하게 하시옵소서. 오늘은 우리 ○○(이)가 하나님의 말씀 앞에서 살아가기를 간구합니다. 그에게 하나님의 말씀을 받는 은혜를 체험하게 해주시옵소서. 지난 주일에 설교를 통해서 들었던 말씀이든지, 아니면 스스로 성경을 읽으며 깨달은 말씀이든지, 그 말씀을 받게 하시옵소서. 그 말씀이 저희 자녀의 심령에 담겨지기를 빕니다.
사랑하는 ○○(이)가 하나님의 말씀에 소홀히 하지 않게 하시옵소서. 자신의 심령에 뿌려진 말씀을 간직하는 체험의 은혜를 경험하게 해주시옵소서. 뜻밖에 귀한 선물을 받았을 때의 벅찬 감격으로 하나님의 말씀을 간직하게 하시옵소서. 혹시, 부주의해서 잃어버릴까 염려스러워 보관하듯이 하나님의 말씀을 간직하게 하시옵소서.
오늘, ○○(이)의 심령을 옥토와 같게 해주심을 믿으며 감사드립니다. 생명의 말씀이 잘 뿌려진 씨앗과 같이 되게 하시옵소서.

　　　이어서 자녀의 상황에 따라 성령님께서 이끌어주시는 대로 빈다.

예수님의 이름으로 기도드립니다. 아멘

 잠 2:4을 소리를 내어 심장을 깨우듯이 읽으십시오.

3주차 3일

잠 2:6, 대저 여호와는 지혜를 주시며 지식과 명철을 그 입에서 내심이며

오늘도 함께 해주시는 하나님,
저희 자녀에게 오늘은 하나님께서 그의 모든 것이 되어주시기를 축복합니다. 무엇이든지 자신이 생각하는 것을 하나님께 구하고, 그 응답의 복으로 하루를 지내게 해주시옵소서. 여호와는 지혜를 주신다고 약속하셨으니, 하나님께서 ○○(이)에게 지혜가 되어주실 것을 믿습니다. 하나님께서 우리에게 주시는 것들을 구하라고 하신 말씀을 ○○(이)가 기억하게 하시옵소서. 그가 오늘, 하루를 지냄에서 필요한 지혜를 얻기 위하여 무릎을 꿇게 하시옵소서. 혹시, 마귀는 자기가 지혜를 주겠다고 ○○(이)를 꼬드길 수도 있으니, 성령님께서 그의 심령을 붙들어 주시옵소서. 성령님께 충만하여 오늘을 복되게 보내게 하시옵소서.
○○(이)가 지혜로운 자가 되기 위하여 오늘도 하나님을 섬기는 것에 열심을 다하게 하시옵소서. ○○(이)에게 하나님의 은혜를 구하는 것으로 사는 한 날이 되기를 빕니다.
오늘, ○○(이)가 성경을 한 구절이라도 읽을 때, 하나님의 음성을 듣는 복을 경험하게 하시옵소서. 이미 들었던 하나님의 말씀이 다시 생각날 때, 성령님의 감동해주심을 경험하게 하시옵소서.

      이어서 자녀의 상황에 따라 성령님께서 이끌어주시는 대로 빈다.

예수님의 이름으로 기도드립니다. 아멘

 잠 2:6을 소리를 내어 심장을 깨우듯이 읽으십시오.

3주차 4일

잠 2:7, 그는 정직한 자를 위하여 완전한 지혜를 예비하시며 행실이 온전한 자에게 방패가 되시나니

하늘에 계신 주여,

어미닭이 제 새끼를 날개 아래 품는 것처럼 하나님께서 ○○(이)를 품어주시는 한 날이기를 빕니다. 오늘도 어제와 같이 여호와 앞에서 복된 자로 지내도록 붙들어 주시옵소서.

성령님께서 ○○(이)를 다스려 주셔서, 하나님의 은혜를 기다리게 하시옵소서. 성령님께서 새롭게 해주시는 은혜를 기다리게 하시옵소서. 하나님께서 불쌍히 여겨 주사, 완전한 지혜에 이르게 해주시옵소서. 그 은혜로 종일 동안 하나님 앞에서 성도로서의 삶이 되게 하시옵소서.

오늘, 하나님의 말씀에 온전히 순종해드리는 삶이 되며, 하나님께서 미워하시는 일은 거절하는 담대함을 주시옵소서. 혹시, 순간적으로 그릇된 행실을 하게 되었다면 즉시 잘못을 깨달아 회개하게 하시옵소서. 회개를 미루다가 사탄의 유혹으로 떨어지지 않게 해주시옵소서.

성령님께서 이끌어 주실 때만 ○○(이)가 자신의 행실이 온전함에 이르게 됨을 믿습니다. ○○(이)에게 자기의 경험이나 자기의 생각대로 행동하지 않도록 해주시고, 성령님의 인도하심에 자신을 내어드리는 경험을 하게 하시옵소서.

　　　이어서 자녀의 상황에 따라 성령님께서 이끌어주시는 대로 빈다.

예수님의 이름으로 기도드립니다. 아멘

 잠 2:7을 소리를 내어 심장을 깨우듯이 읽으십시오.

3주차 5일

잠 2:8, 대저 그는 정의의 길을 보호하며 그의 성도들의 길을 보전하려 하심이니라

사랑이 많으신 하나님,
오늘, ○○(이)에게 이제까지도 보호해주시고, 은혜를 베풀어 주시는 여호와께 감사함으로 한 날을 시작하게 하시옵소서. 여호와의 이름을 즐거워하고, 하나님과 동행하기를 사모하도록 이끌어 주시옵소서.
○○(이)가 친구들로부터 외톨이가 될 것을 두려워하지 않고, 하나님 편에 설 때, 보호해주시옵소서. 친구들의 눈총에 마음을 쓰지 않고, 오직 하나님의 자녀답게 행동하기를 원합니다. 저희 자녀가 친구들보다 하나님께서 함께 하심에 주목하도록 강권해주시옵소서.
사람들의 길을 버리고, 하나님의 길을 선택하는 용기가 ○○(이)의 것이 되게 하심을 빕니다. 죄와 죽음의 세상에서 구원해주시고, 자기를 구별해주신 은혜를 기억하며, 은혜의 자리를 지키게 하시옵소서. 자신을 죄에게 내어주어 더럽히지 않게 하시옵소서.
성령님께서 저희 자녀의 심령을 위로해주시고, 하나님을 더욱 더 사랑하게 하시옵소서. 거룩함에 도전하는 ○○(이)가 되게 하시옵소서. 하나님께서 보전하시는 성도들의 길에 ○○(이)가 함께 하도록 이끌어 주시옵소서. 하나님께서 그의 인생에 방패가 되어 주시옵소서.

　　이어서 자녀의 상황에 따라 성령님께서 이끌어주시는 대로 빈다.
예수님의 이름으로 기도드립니다. 아멘

 잠 2:8을 소리를 내어 심장을 깨우듯이 읽으십시오.

3주차 6일

잠 2:9, 그런즉 네가 공의와 정의와 정직 곧 모든 선한 길을 깨달을 것이라

인자하심이 영원하신 하나님,
하나님의 형상을 따라 지음을 받은 은혜가 오늘, ○○(이)의 삶에서 보여 지기를 축복합니다. 자신이 하나님의 형상에 속해있음에 대한 거룩한 자부심을 갖고, 오늘의 삶을 지내게 하시옵소서.
성령님의 감화하심에 따라 ○○(이)가 하나님의 속성을 묵상하도록 이끌어 주시옵소서. 그때, 마귀가 그에게 더러운 생각을 갖지 못하게 하리라 믿습니다. 공의로우신 하나님, 정의로 공평하신 하나님, 정직하신 하나님을 닮고자 소망하게 해주시옵소서. 이로써 하나님께서 받으실 만한 성품을 지니고자 결단하게 하시옵소서.
하나님께 드릴만한 행실은 즉흥적으로 되어 지지 않고, 하나님을 닮은 성품에서 되어 짐을 깨닫게 하시옵소서. ○○(이)가 자신의 심령이 하나님의 형상으로 가득해지도록 성령님께서 인도해주시옵소서.
○○(이)의 생각하는 시간에, 하나님의 성품이 경험되게 하시옵소서. 그가 하는 모든 말에 하나님이 보여 지게 하시옵소서. 그의 행실로 말미암아 하나님이 보여 지게 하시옵소서. 성령님께서 ○○(이)에게 하나님의 사람으로 살아드리는 한 날을 만들어 주시옵소서.
　　　　이어서 자녀의 상황에 따라 성령님께서 이끌어주시는 대로 빈다.
예수님의 이름으로 기도드립니다. 아멘

 잠 2:9을 소리를 내어 심장을 깨우듯이 읽으십시오.

3주차 7일

잠 2:10-11, 곧 지혜가 네 마음에 들어가며 지식이 네 영혼을 즐겁게
할 것이요 근신이 너를 지키며 명철이 너를 보호하여

구원하시기를 즐겨하시는 여호와여,

오늘, ○○(이)를 지혜로 축복합니다. 성령님께서 그에게 지혜를 물붓듯이 부어 주시옵소서. 오직, 하늘에서 내려오는 지혜로 ○○(이)의 심령이 풍성해지기를 빕니다.

하늘의 문을 여시고, 지혜를 충만하게 내려주셔서 ○○(이)의 영혼을 다스리게 하시옵소서. 그의 마음을 하나님께 드리게 하시옵소서. 그의 생각과 의지와 행동이 하나님의 지혜에 의해서 다스려지도록 인도해주시옵소서.

○○(이)가 사람의 의지가 아닌, 천국 백성의 의지로 오늘을 지내도록 인도해주시옵소서. 그리하여 사람의 생각과 하나님의 뜻이 맞설 때는 자신의 생각을 거절하고, 하나님을 따르게 하시옵소서. 지혜의 근본이 하나님께 있음을 잠시라도 잊지 말게 하시옵소서.

그 순간에, 주님의 영이 ○○(이)의 심령을 다스리는 경험을 하도록 이끌어 주시옵소서. 자기의 마음을 먼저 하나님께 드림으로써 이 세상에서 천국 백성으로 행동하게 된다는 것을 배우기를 원합니다. 성령님께서 ○○(이)에게 좌정하시는 은혜를 체험하게 하시옵소서.

이어서 자녀의 상황에 따라 성령님께서 이끌어주시는 대로 빈다.

예수님의 이름으로 기도드립니다. 아멘

 잠 2:10-11을 소리를 내어 심장을 깨우듯이 읽으십시오.

4주차 1일

잠 2:12, 19, 악한 자의 길과 패역을 말하는 자에게서 건져내리라 누구든지 그에게로 가는 자는 돌아오지 못하며 또 생명 길을 얻지 못하느니라

우리의 의가 되어주시는 하나님,

하나님의 공의 앞에서 ○○(이)를 축복합니다. 그가 자기를 위하여 진리에서 떠나지 않도록 해주심을 빕니다. 자신을 위해서 하나님의 뜻을 고의적으로 바꾸지도 않게 하시옵소서.

종일을 살아가는 시간에, 하나님의 말씀에서 어긋난 길로 가지 않도록 그의 발을 붙들어 주시옵소서. 성령님께서 강권적으로 마음을 주장하시어, 잠시의 달콤한 유혹에 자기의 마음을 내어주지 않게 하시옵소서. 하나님의 말씀에서 떠난 순간의 즐거움에 생각을 빼앗기지 않게 하시옵소서.

한 날을 지내면서, 여호와 앞에서 철저하게 하시는 은혜를 빕니다. 자신의 행실에 대하여 관대하지 않도록 인도해주시옵소서. 만일, 하나님께 대하여 어그러진 길로 들어섰다면 즉시 회개하게 하시옵소서.

주님의 보혈로 죄를 씻음 받고, 생명 길에 들어 온 것을 끝까지 지키게 하시옵소서. 마귀는 시시각각 ○○(이)의 영혼을 노리고 있으니, 성령님께서 막아주시고, 거룩함을 놓치지 않게 하시옵소서.

    이어서 자녀의 상황에 따라 성령님께서 이끌어주시는 대로 빈다.

예수님의 이름으로 기도드립니다. 아멘

 잠 2:12, 19을 소리를 내어 심장을 깨우듯이 읽으십시오.

4주차 2일

> 잠 2:20, 지혜가 너를 선한 자의 길로 행하게 하며 또 의인의 길을 지키게 하리니

기업이 되어 주시는 하나님,

오늘도 하나님의 말씀이 자신의 영혼을 지켜주시는 복이 ○○(이)의 것이 되기를 빕니다. 오직, 그가 성령님의 인도하심과 하나님의 말씀으로 온전함에 이르는 것을 경험하게 하시옵소서.

예수님께서 이 땅에 계시는 동안에, 하나님의 뜻을 찾고, 하나님의 말씀만 가지고 지내셨던 삶을 저희 자녀가 배우도록 은혜를 내려 주시옵소서. 오늘, ○○(이)의 하루는 하나님께 주목하는 시간이 되게 하시옵소서. 그 삶이 바로 선한 자의 길이라 믿습니다.

그러나 세상은 하나님의 편이 아니기 때문에, ○○(이)를 유혹하는 일들이 많을 것입니다. 그리고 주 안에서 지내려는 ○○(이)를 공격하는 일들도 많을 것입니다. 그때, 주님의 길에서 한 걸음도 비켜나지 않게 하시옵소서. 친구들에게서 외톨이가 된다 할지라도, 어이없는 말로 조롱을 한다 할지라도 진리에서 떠나지 않게 하시옵소서.

사랑하는 ○○(이)가 주 안에서 믿음으로 사는 자의 고난을 당함을 배우게 하시옵소서. 천국 백성의 시민권을 냉동이치는 어리석은 행실을 하지 않게 하시옵소서. 세상을 이기신 주님을 바라보게 하시옵소서.

이어서 자녀의 상황에 따라 성령님께서 이끌어주시는 대로 빈다.

예수님의 이름으로 기도드립니다. 아멘

 잠 2:20을 소리를 내어 심장을 깨우듯이 읽으십시오.

4주차 3일

잠 2:21, 대저 정직한 자는 땅에 거하며 완전한 자는 땅에 남아 있으리라

하늘에 계신 주여,
주님의 이름으로 ○○(이)를 축복하게 해주셨음에 감사드립니다. 어제와 같이 오늘도 하나님께서 ○○(이)에게 하나님이 되어주심을 믿습니다. 그가 여호와 앞에서 복이 있는 인생이 되게 하시옵소서.
사랑하는 ○○(이)를 위하여 간구할 때, 하나님께 정직한 자녀가 되기를 빕니다. 하나님을 전심으로 사랑하고, 하나님을 속이려 하지 않게 하시옵소서. 마음을 다하여 성실하도록 이끌어 주시옵소서. 여호와께로부터 쫓겨나지 않겠다는 거룩한 두려움을 느끼게 하시옵소서.
오늘, 한 날을 살아가는 삶의 목표를 '완전함'에 두도록 해주시옵소서. 하나님께서 완전하다고 인정해주시는 삶을 사모하기를 원합니다. 성령님께 충만하여 여호와의 사람으로 지내게 하시옵소서. 하나님의 뜻을 올바로 인지하며, 그 규례에 순종하기를 즐거워하게 하시옵소서. 그 옛날에, 광야의 백성들에게 땅을 약속하셨던 것처럼 ○○(이)에게도 약속해주신 복이 있음을 믿습니다. 그 귀한 약속으로 들어가는 ○○(이)가 되게 하시옵소서. 때때로 사탄이 ○○(이)를 유혹하여 악한 생각을 품게도 하겠지만 즉시 거절하게 하시옵소서.

이어서 자녀의 상황에 따라 성령님께서 이끌어주시는 대로 빈다.

예수님의 이름으로 기도드립니다. 아멘

 잠 2:21을 소리를 내어 심장을 깨우듯이 읽으십시오.

4주차 4일

잠 3:1, 내 아들아 나의 법을 잊어버리지 말고 네 마음으로 나의 명령을 지키라

신실하신 여호와여,

사랑하는 ○○(이)가 하나님의 말씀을 가슴에 새기는 한 날이기를 빕니다. 그 말씀으로 ○○(이)의 인생을 축복합니다. 하나님께서 권장하시는 말씀이나 금지하시는 말씀 모두가 ○○(이)의 생명을 위하시는 것임을 기억하여 오늘도 순종을 올려드리는 하루가 되게 하시옵소서. 어떤 상황에서도 하나님의 말씀을 우선순위에 두게 하시고, 자신에게 손해가 되거나 불리할지라도 그것이 잠깐 동안임을 믿고, 하나님을 의지하게 하시옵소서. 이로써 순종에 약속되어 있는 그 은혜를 자기의 것으로 삼게 하시옵소서.

오늘, 하나님 앞에서 "장수하여 많은 해를 누리게" 해주시겠다는 말씀을 붙잡게 하시옵소서. 그리하여 하나님의 뜻에 순종하고, 믿음을 지키는 삶의 증거로 삼게 하시옵소서. 아울러 축복된 날들이 되게 하심도 보게 하시옵소서.

주 안에서 ○○(이)가 하나님께 선택된 생애의 삶을 내다보기를 원합니다. 죄 아래 가두어진 세상에서 순간, 순간을 고통스럽게 할지라도 성령님께서 보혜사가 되어주실 것을 확신하면서 지내게 하시옵소서.

이어서 자녀의 상황에 따라 성령님께서 이끌어주시는 대로 빈다.

예수님의 이름으로 기도드립니다. 아멘

 잠 3:1을 소리를 내어 심장을 깨우듯이 읽으십시오.

4주차 5일

잠 3:3, 인자와 진리가 네게서 떠나지 말게 하고 그것을 네 목에 매며 네 마음판에 새기라

기다리는 자들에게 찾아오시는 하나님,
오늘, 저희 애들이 주 안에서 하나님의 말씀을 사랑하여 그 말씀을 따르기를 즐거워하는 자녀들이 되게 하시옵소서. 혹시, 그들이 생명의 말씀을 등한히 여길 때, 나무라기보다는 부모 된 저희 자신을 꾸짖게 해주시기를 빕니다. 저희들이 하나님의 말씀을 존중하지 않아, 그대로 자녀들에게로 이어진 것일 뿐이었음을 두려워하게 하시옵소서.
오늘의 한 날이, 성경을 사랑하는 시간이 되게 하시옵소서. 하나님의 말씀을 새로 배우게 될 때, 마음의 판에 간직하게 해주시옵소서. 그리고 그 말씀과 함께 부모에게서 들었던 가르침도 생각이 나서 더욱 마음에 새기는 경험의 시간을 갖게 해주시옵소서.
사랑하는 자녀가 하나님의 말씀을 마음의 판에 새기는 축복 된 인생이 되게 하시옵소서. 말씀을 묵상하는 시간에, 가슴이 벅차게 해주시며, 그 말씀을 자기의 행실로 삼기를 원합니다. 그리고 목걸이를 지니고 다니는 것처럼 하나님의 말씀을 지니도록 이끌어 주시옵소서.
이로써 한 날의 삶이 하나님의 말씀이 되기를 빕니다. 또한 부모의 신앙을 자기의 것으로 삼는 축복이 되어 살아가도록 하시옵소서.

    이어서 자녀의 상황에 따라 성령님께서 이끌어주시는 대로 빈다.

예수님의 이름으로 기도드립니다. 아멘

 잠 3:3을 소리를 내어 심장을 깨우듯이 읽으십시오.

4주차 6일

잠 3:5-6, 너는 마음을 다하여 여호와를 신뢰하고 네 명철을 의지하지 말라 너는 범사에 그를 인정하라 그리하면 네 길을 지도하시리라

나의 의가 되시는 주여,

사랑하는 ○○(이)를 복 되게 해주시옵소서. 그가 오늘, 하루를 시작하면서 먼저, 여호와의 이름을 부르게 하시옵소서. 곧 자신이라는 속사람을 하나님께 맡겨드림에서 한 날을 시작하도록 이끌어주시옵소서. 하나님께서 ○○(이)에게 삶의 모든 영역을 맡길 수 있는 신뢰의 대상이 되어주시옵소서. 하나님께 맡김이 바로 인생의 지혜라는 것을 깨닫게 하시옵소서. 그리하여 인생과 세계에 대한 이해, 그리고 이를 인도하시는 하나님의 뜻을 인지하고, 발견하는 한 날이 되기를 원합니다.

"네 명철을 의지하지 말라."고 하셨습니다. 이 명령을 생명의 말씀으로 받아 지키는 ○○(이)가 되게 하시옵소서. 하나님께서 함께 하시지 않으시는 학문적인 지식이나 훈련은 자신을 교만에 이르게 하는 길이라는 사실을 기억하게 하시옵소서.

오늘, ○○(이)가 천국에 속한 사람이 되어 여호와를 찾게 해주시옵소서. 실로 진정한 명철은 하나님의 뜻에 순종하며 신적 지혜를 추구함으로써 얻어지는 축복이라는 것을 기억하게 하시옵소서.

　　　　이어서 자녀의 상황에 따라 성령님께서 이끌어주시는 대로 빈다.

예수님의 이름으로 기도드립니다. 아멘

 잠 3:5-6을 소리를 내어 심장을 깨우듯이 읽으십시오.

4주차 7일

잠 3:7-8, 스스로 지혜롭게 여기지 말지어다 여호와를 경외하며 악을 떠날지어다 이것이 네 몸에 양약이 되어 네 골수를 윤택하게 하리라

말씀하시며, 이루시는 하나님,
오늘, 한 날을 지내는 동안에 ○○(이)가 여호와께 복 되기를 빕니다. "스스로 지혜롭게 여기지 말지어다."라고 하셨으니 하나님 앞에서 교만하지 않도록 자신을 다스리게 하시옵소서. 자신을 지혜롭다 여김으로써 잠시라도 여호와를 경외하는 자세를 잃지 않게 해주시옵소서.
자신을 의롭다 여기거나, 지혜롭다 여겨서 하나님을 주목해야 하는 것을 잊지 않게 하시옵소서. ○○(이)에게 오늘, 무엇을 생각하거나 행동을 하든지, 그 기준을 하나님의 법에 두게 하시옵소서.
나아가 여호와를 경외하는 삶으로 오늘, 한 날을 시작하게 하시옵소서. 그럼으로써 악에서 떠나게 해주시옵소서. 하나님께서 악하다 하시는 죄악에서 떠나는 것이 지혜자의 처신임을 기억하게 하시옵소서.
사랑하는 ○○(이)가 악에서 떠남으로 말미암아 자신을 지키는 복을 누리기를 원합니다. 끊임없이 유혹하는 죄 된 행실을 거절하여 악에서 떠나 자신을 지키게 하시옵소서. 아울러 죄의 본성을 물리치는 만큼 의로움에 이르게 하시옵소서.

　　　　이어서 자녀의 상황에 따라 성령님께서 이끌어주시는 대로 빈다.
예수님의 이름으로 기도드립니다. 아멘

 잠 3:7-8을 소리를 내어 심장을 깨우듯이 읽으십시오.

5주차 1일

잠 3:9-10, 네 재물과 네 소산물의 처음 익은 열매로 여호와를 공경하라

불꽃같은 눈으로 보시는 여호와여,

사랑하는 ○○(이)에게 하나님을 구별하는 은혜에 들어가게 하시옵소서. 오늘, 한 날을 살아가는 시간 속에서 하나님의 것과 세상의 것을 구별하도록 하시옵소서. 그리고 여호와께 드릴 것을 먼저 구별하여 드리도록 해주시옵소서.

○○(이)가 자신이 취하게 되는 모든 것들이 하나님께로부터 온 것임을 기억하기를 원합니다. 그리고 자신이 선택하는 첫째는 하나님께 구별된 것임을 잊지 않게 해주시옵소서. 자기가 하나님인양 자신의 소유에 대하여 주권을 행사하지 않게 하시옵소서.

모든 것들에서 첫째 것을 여호와의 것이라 선언하셨으니 저희 자녀가 십분의 일을 먼저 구별하여 하나님께 바치게 하시옵소서. 십일조의 은혜를 자기의 것으로 삼고, 그에 따른 복을 기다리게 하시옵소서.

○○(이)에게 "처음 익은 열매"에 주목하게 하시옵소서. 처음 익은 열매를 구별하여 여호와를 공경하게 하시옵소서. 행여나 자신의 것처럼 여기거나 아까워하지 않게 해주시옵소서. 처음 익은 열매가 바로 축복의 사건이라는 사실을 잊지 않게 하시옵소서.

　　　　　이어서 자녀의 상황에 따라 성령님께서 이끌어주시는 대로 빈다.

예수님의 이름으로 기도드립니다. 아멘

 잠 3:9-10을 소리를 내어 심장을 깨우듯이 읽으십시오.

잠언으로 자녀를 축복하는 읽는 기도 ①

5주차 2일

잠 3:12, 대저 여호와께서 그 사랑하시는 자를 징계하시기를 마치 아비가 그 기뻐하는 아들을 징계함 같이 하시느니라

하나님이 되어 주시는 하나님,
하나님께 사랑인 ○○(이)를 축복합니다. 오늘은 한 날을 지내면서, 그가 만나는 어떤 상황에서도 하나님의 사랑을 느끼게 하시옵소서. 여호와께 대한 기대 안에서 떠나지 않게 해주시기를 빕니다.
하나님께서 징계로 ○○(이)를 사랑해주심에 감사드립니다. 만일, 아들이 아니라면 징계하시지 않으신다는 말씀을 그의 마음에 두게 하시옵소서. 그리고 ○○(이)가 하나님의 징계의 시간에 있는 것을 저희들도 깨달아 자녀를 위하여 기도하는 부모가 되게 하시옵소서.
○○(이)가 하나님 앞에서 징계에 대하여 두 가지를 기억하기를 원합니다. 징계를 가볍게 여기지 않게 하시고, 꾸지람을 싫어하지 않게 하시옵소서. ○○(이)에게 자기를 위하시는 하나님의 징계를 감사함과 단 마음으로 받게 하시옵소서.
사랑하는 ○○(이)가 여호와께 그릇 행하여 징계를 받게 될 때, 화를 내지 않고, 참음으로 받아들이게 하시옵소서. 혹시, 그 징계가 너무 무거워 힘들 때, 천사를 보내주셔서 감당해 내게 하시옵소서. 천사가 그를 도와서 하나님의 은혜를 받게 하시옵소서.
　　　이어서 자녀의 상황에 따라 성령님께서 이끌어주시는 대로 빈다.
예수님의 이름으로 기도드립니다. 아멘

 잠 3:12을 소리를 내어 심장을 깨우듯이 읽으십시오.

5주차 3일

잠 3:15, 지혜는 진주보다 귀하니 네가 사모하는 모든 것으로도 이에 비교할 수 없도다

나를 부끄럽지 않게 하시는 주여,
하나님 앞에서 ○○(이)를 축복합니다. 오늘, ○○(이)가 보거나 경험하게 되는 모든 것들로부터 하나님을 찾게 하시옵소서. 한 날을 지내면서 여러 가지의 것들을 경험할 터이지만 그런 것들로부터 영혼에 만족을 주는 것이 없음을 깨닫게 해주시옵소서.

어떤 것들은 일시적으로 필요하고, 어떤 것들은 잠시보다 조금 오래 동안 ○○(이)의 마음을 끌어당기겠지요. 그러나 그것이 영원하지 않음을 깨닫게 하시옵소서. 그리하여 영원을 사모해야 하는 그의 마음이 어지럽지 않게 하시옵소서.

오늘, 사랑하는 ○○(이)에게 사모해야 하는 마음의 자리에 여호와를 모시게 하시옵소서. 오직, 그에게 하나님이 되시는 여호와를 모심으로써 지혜로운 자의 길을 걷게 해주시기를 빕니다. 그 무엇으로도 비교될 수 없는 여호와를 사랑하게 하시옵소서.

○○(이)가 즐거움으로 삼을 것들이 많겠지만, 그것들에 마음을 주지 않게 하시옵소서. 오직 하나님만이 "바라고 원하며, 또한 기쁨을 가져다주는 모든 아름답고 귀한 것"이 되어주시옵소서.

　　　이어서 자녀의 상황에 따라 성령님께서 이끌어주시는 대로 빈다.

예수님의 이름으로 기도드립니다. 아멘

 잠 3:15을 소리를 내어 심장을 깨우듯이 읽으십시오.

5주차 4일

잠 3:16, 그의 오른손에는 장수가 있고 그의 왼손에는 부귀가 있나니
길은 즐거운 길이요 그의 지름길은 다 평강이니라

자녀를 축복하도록 하신 하나님,
새로운 달, 2월을 맞아들입니다. 이 달에도 자녀를 사랑하게 하시고, 그의 인생을 위하여 간구하게 하시옵소서. 저희 자녀가 지혜를 가졌을 때, 누리게 될 복을 약속해주셨습니다. ○○(이)가 여호와께 지혜를 얻은 자가 되어 믿음으로 그 약속에 들어가게 하시옵소서.
지금은 어리지만 ○○(이)가 여호와 앞에서 생명의 날들을 오래 누리는 생애를 살아서, 하나님의 뜻에 순종하고 믿음의 중심을 지킨 인물이 누리게 되는 복의 증인이 되게 하시옵소서. 하나님께서 약속해주신 축복의 땅에서 오랜 시간을 살아드리도록 해주시옵소서.
아울러 그의 생애, 복을 받아 사는 날 동안에 아쉬운 것을 모르는 삶이 되도록 이끌어주시옵소서. 하늘의 문을 여셔서 신령한 복을 누리게 하시며, 땅에서는 기름진 것으로 배부르게 하시옵소서. 생명의 시간을 누리는 길이만큼 여호와의 부귀를 자기의 것으로 삼게 하시옵소서.
사랑하는 ○○(이)에게 장수와 부귀를 약속해주셨으니, 지혜를 소홀히 여기지 않도록 붙들어주시옵소서. 매일, 매일의 삶이 성령님께 충만하여 하나님을 주목하게 하시옵소서.

    이어서 자녀의 상황에 따라 성령님께서 이끌어주시는 대로 빈다.
예수님의 이름으로 기도드립니다. 아멘

 잠 3:16을 소리를 내어 심장을 깨우듯이 읽으십시오.

5주차 5일

잠 3:18, 지혜는 그 얻은 자에게 생명나무라 지혜를 가진 자는 복되도다

우리를 붙들어 주시는 주여,
주 안에서 ○○(이)에게 에덴의 약속을 잇는 축복에 들어가게 하셨음에 감사드립니다. 저희 자녀는 그 언약을 자기의 것으로 취하게 하시옵소서. 오늘을 지내면서 하나님을 놓치지 않게 해주시기를 빕니다.
주님께서 십자가에 달려 죽으심으로 이루어진 구속의 은혜를 가볍게 여기기 않게 하시옵소서. ○○(이)가 주님의 피로 닦여진 생명의 길에서 다른 데로 가지 않기를 원합니다. 주님의 보혈로 취하게 된 영생과 참 평안의 복을 누리게 하시옵소서.
보혈의 주님께서 ○○(이)에게 영생에 이르는 지혜가 되어주셨음에 감사드립니다. 그 이름을 의지하여 하나님께로 이르게 하셨습니다. 그 이름으로 천국을 사모하게 해주셨습니다.
저희들에게 영생을 약속해주시고, 영생을 얻기 위한 다른 이름을 주시지 않으셨으니, 오직 예수님의 이름을 찬양하는 ○○(이)가 되기를 원합니다. 이에, "지혜를 가진 자는 복되도다."라 하신 언약을 자기의 것으로 삼게 하시옵소서.
사랑하는 저희 자녀가 주님의 다시 오심을 만나기 전까지 주님의 이름에서 떠나지 않게 해주시옵소서. 주님으로 즐거워하게 하시옵소서.

　　　　이어서 자녀의 상황에 따라 성령님께서 이끌어주시는 대로 빈다.

예수님의 이름으로 기도드립니다. 아멘

 잠 3:18을 소리를 내어 심장을 깨우듯이 읽으십시오.

5주차 6일

잠 3:19, 여호와께서는 지혜로 땅에 터를 놓으셨으며 명철로 하늘을 견고히 세우셨고

심령을 감찰하시는 하나님,
하나님께서 세상을 지으실 때, 함께 하셨던 예수님을 찬양합니다. 지혜로 표현되신 예수님께서 ○○(이)와 함께 해주시는 한 날이 되게 하시옵소서. 예수님을 마음에 모시고, 오늘을 살아드리는 삶으로 인도해 주시옵소서.
오늘, 사랑하는 저희 자녀에게 지혜에 탁월함이 되셨던 예수님을 묵상하게 하시옵소서. 만물이 예수님으로 말미암아 지어졌다는 말씀을 기억하게 하시옵소서. 그때, "지은 것이 하나도 그가 없이는 된 것이 없느니라." 하셨으니 ○○(이)의 삶에 주님께서 함께 해주시옵소서.
예수님께서 만나주셨던 이들에게 창조의 역사로 새롭게 하셨음을 깨닫습니다. 여러 병든 자들, 귀신에게 사로잡혔던 자들, 낙심되었던 자들을 회복시켜서 새롭게 해주셨습니다. 오늘, 주님께서 저희 자녀에게 창조의 역사를 나타내어 주시옵소서.
주님의 창조적인 능력이 저희 자녀의 삶에 창조적이 될 것으로 믿습니다. 하나님께서 새 날을 주셨건만 창조가 경험되지 않는다면 어제와 다를 게 없을 것입니다. ○○(이)에게 창조의 은혜를 내려 주시옵소서.

　　　이어서 자녀의 상황에 따라 성령님께서 이끌어주시는 대로 빈다.

예수님의 이름으로 기도드립니다. 아멘

 잠 3:19을 소리를 내어 심장을 깨우듯이 읽으십시오.

5주차 7일

잠 3:21, 내 아들아 완전한 지혜와 근신을 지키고 이것들이 네 눈 앞에서 떠나지 말게 하라

마음을 연단하시는 하나님,

사랑하는 ○○(이)에게 새 날을 주셨으니 오늘, 여호와께 자신의 삶을 드리게 하시옵소서. 하나님의 말씀을 율례와 법도로 받아 자신의 생명처럼 여기게 하시옵소서. 인생의 길에서 그 말씀의 능력을 경험하게 하시고, 도움이 되도록 해주시옵소서.

이로써 사랑하는 자녀가 자신의 머리를 써서 살아가는 것이 아니고, 하나님의 말씀으로 산다는 것을 깨닫게 하시기를 원합니다. 오늘, 무엇을 생각하든지 하나님의 말씀이 그에게 '추진하거나 지탱할 수 있는 힘'이 되어주시옵소서.

그 말씀의 지혜가 ○○(이)에게 승리의 보장이 되어주심을 믿습니다. 그 말씀에 순종하여 하나님께서 원하시는 사람으로 자신을 만들어가게 하시옵소서. 말씀의 진리 안에서 그의 삶이 풍성해지도록 인도하여 주시고, 여호와께 온전함을 경험하게 하시옵소서.

만일, 하나님의 말씀에 소홀해질 때, ○○(이)가 어리석은 자의 길에 선다는 사실을 잊지 않게 하시옵소서. 자기가 살아가야 하는 행로가 진리에 있음을 깨달아 진리를 사모하게 하시옵소서.

이어서 자녀의 상황에 따라 성령님께서 이끌어주시는 대로 빈다.

예수님의 이름으로 기도드립니다. 아멘

 잠 3:21을 소리를 내어 심장을 깨우듯이 읽으십시오.

6주차 1일

잠 3:24, 네가 누울 때에 두려워하지 아니하겠고 네가 누운즉 네 잠이 달리로다

인자하신 주 여호와여,
어제 한 날에도 ○○(이)가 지혜를 가까이 하며 지내게 하셨음에 감사드립니다. 오늘, 주 안에서 지낼 때, 지혜를 사랑하게 하시옵소서. 지혜로 말미암아 "네 발이 거치지 아니하겠으며"라고 약속해주셨습니다. 그의 가는 길에, 아무런 장애도 없을 것이라고 축복해주셨습니다. 사랑하는 저희 자녀에게 지혜가 그의 걸음을 인도해주심을 믿고 나아가게 하시옵소서. 그의 손에 움켜진 것 때문에 담대할 수 있는 것이 아니라 하나님의 약속을 믿고, 담대하게 해주시옵소서. 하루를 지내는 동안에 여호와의 평안을 누리게 하심을 믿습니다.

깊은 밤에는 도적이 찾아올 수도 있을 겁니다. 그러나 지혜가 ○○(이)에게 생명을 지키는 보장이 되어주심을 믿습니다. 지금, 어릴지라도 여호와의 보호와 평안을 경험하게 하시옵소서. 어떤 위협으로부터 지켜주시는 하나님의 보호가 ○○(이)의 것이 되게 하시옵소서.

자기를 평안하게 해주시는 여호와의 이름을 바라보게 하시옵소서. 자신을 지켜주시는 여호와의 자비에 소망을 두게 하시옵소서. 잠자리에 들 때, 두려움 대신에 잠이 더 달게 하시옵소서.

　　　　이어서 자녀의 상황에 따라 성령님께서 이끌어주시는 대로 빈다.

예수님의 이름으로 기도드립니다. 아멘

 잠 3:24을 소리를 내어 심장을 깨우듯이 읽으십시오.

6주차 2일

잠 3:26, 대저 여호와는 네가 의지할 이시니라 네 발을 지켜 걸리지 않게 하시리라

부르짖게 하시는 여호와여,

저희 자녀에게 하나님께서 소망이 되게 하시옵소서. 오늘을 살아가면서 어떤 경우에 부딪쳐진다 해도 여호와의 소망을 잃지 않게 하시옵소서. 갑작스러운 두려움도 그에게서 평안을 빼앗지 못함을 믿습니다. 여호와만이 ○○(이)가 의지할 하나님이심을 경험하게 하시옵소서.

오늘도 악인에게 내려질 하나님의 엄중한 심판이 내려질 것을 믿습니다. 의인을 파멸시키기 위한 악의적인 음모나 궤계가 있어서, ○○(이)가 어려움을 당할 것입니다. 그때, 여호와께서 자신의 발을 지켜주셔서 걸리지 않게 해주는 은혜를 경험하게 하시옵소서.

"나의 의지할 자이시라."고 하셨습니다. 사랑하는 ○○(이)에게 소망을 하나님께 두는 한 날을 경험하게 하시옵소서. 이제까지, 그의 삶에 함께 해주셨던 하나님의 손길을 잊지 않고 기억하면서, 오늘도 하나님께서 하나님이 되어주심을 기다리게 하시옵소서. 그리하여 오늘도 하나님께서 약속하신 말씀에 소망을 두게 하시옵소서.

저희들이 하나님께 소망을 두고 살아왔듯이, 사랑하는 ○○(이)도 하나님께서 소망의 근거가 되어 주시옵소서.

　　　　이어서 자녀의 상황에 따라 성령님께서 이끌어주시는 대로 빈다.

예수님의 이름으로 기도드립니다. 아멘

 잠 3:26을 소리를 내어 심장을 깨우듯이 읽으십시오.

6주차 3일

잠 3:27, 네 손이 선을 베풀 힘이 있거든 마땅히 받을 자에게 베풀기를 아끼지 말며

거룩하다 일컬음을 받으시는 하나님,
오늘, 저희들에게 새 날을 주셨으니, 하나님의 뜻을 품게 하시옵소서. 여호와 앞에서 ○○(이)가 연약한 자들의 하나님을 배우는 한 날이기를 소원합니다. 주님의 사람이 되어 사는 삶을 사모하게 하시옵소서. 가엾은 이들을 외면하지 않으시고, 때로는 그들을 민망히 여기셨던 주님의 가슴을 지니게 하시옵소서. 병든 자들에게는 불쌍히 여기신 주님의 긍휼을 자기의 것으로 삼게 하시옵소서. 불의하고 사악한 환경에서 억눌려 지낸 이들의 눈물을 닦아주셨던 주님의 눈을 갖게 하시옵소서. 우리가 사는 주변에서는 안타깝게도 스스로 살아가기가 버거운 이들이 있습니다. 누구라도 그를 붙잡아주지 않으면, 한 발도 뗄 수 없는 이들을 ○○(이)에게 보여주시옵소서. 그들을 보면서 하나님의 음성을 듣는 은혜를 경험하게 하시옵소서.
"마땅히 받을 자에게 베풀기를 아끼지 말라."고 하셨습니다. 이 말씀에의 순종이 ○○(이)에게 축복이 되게 하시옵소서. 오늘, 한 날을 지내는 동안에, 도움을 필요로 하는 자들에게 자비를 베풀라는 구제의 말씀에 순종하게 하시옵소서. 지금, 순종하여 돕게 하시옵소서.

    이어서 자녀의 상황에 따라 성령님께서 이끌어주시는 대로 빈다.

예수님의 이름으로 기도드립니다. 아멘

 잠 3:27을 소리를 내어 심장을 깨우듯이 읽으십시오.

6주차 4일

잠 3:32, 대저 패역한 자는 여호와께서 미워하시나 정직한 자에게는 그의 교통하심이 있으며

나의 구원이 되어 주시는 하나님,

사랑하는 ○○(이)에게 오늘을 선물로 주셨음을 믿고, 그를 축복합니다. 저희 자녀가 여호와 앞에서 패역을 거절하고, 정직함을 취하는 한 날이 되기를 빕니다.

이제까지 자라오면서 배웠던 하나님께서 미워하시는 일에는 그림자도 가까이 하지 않게 하시옵소서. 사람들을 대하거나 자신의 뜻을 이루려 할 때, 자신의 생각보다 먼저, 하나님을 주목하게 하시옵소서. 여호와께 드리지 못할 이득은 추호라도 손에 대지 않도록 막아주시옵소서.

이어서 오늘, 한 날의 삶에서 하나님께 정직함을 보여드리는 기회로 삼게 하시옵소서. 하나님께서 기뻐하시는 일이라면 잠시 자신에게 손해가 될지라도 취하게 하시옵소서. 사람에게는 억울해도 하나님께서 받으실 것이 된다면 그것을 선택하도록 강권해주시옵소서.

"정직한 자에게는 그의 교통하심이 있으며"라고 축복해주셨습니다. 저희 자녀가 그의 모든 것에서 하나님과의 교제를 소망하게 하시옵소서. 성령님께 충만 되어서 하나님께서 함께 하지 않으심에 대한 두려움을 놓지 않게 하시옵소서.

이어서 자녀의 상황에 따라 성령님께서 이끌어주시는 대로 빈다.

예수님의 이름으로 기도드립니다. 아멘

 잠 3:32을 소리를 내어 심장을 깨우듯이 읽으십시오.

6주차 5일

잠 3:33, 악인의 집에는 여호와의 저주가 있거니와 의인의 집에는 복이 있느니라

나의 주 여호와여,

오늘, ○○(이)의 앞에 악인의 길과 의인의 길이 있음을 확인하고, 하루를 시작하게 하시옵소서. 악인에게는 저주를 선포하시고, 의인에게는 복을 약속하신 하나님의 의로우심을 묵상합니다. 저희 자녀도 하나님의 공의를 인식하게 하시옵소서.

○○(이)에게 악에 대하여 민감하게 해주시옵소서. 그가 악한 일에 손을 대지 않아도 스스로 악해질 수 있음을 깨닫게 하시옵소서. 하나님께로부터 떠나려는 것이 악의 시작임을 잊지 않게 하시옵소서. 그가 살아가는 시간이 하나님과 함께 하는 것임을 기억하게 하시옵소서.

사랑하는 저희 자녀에게 하나님께 한 날의 삶을 맡겨드리도록 하시옵소서. 성령님께서 그의 마음과 생각을 감동하셔서 자신을 하나님께 내어드리고 걸음을 떼는 경험의 시간이 되게 하시옵소서.

만일, ○○(이)가 저주의 인생이 된다면 심히 두렵습니다. 그가 악인의 길을 가려할 때, 부모의 말도 안 들을 것입니다. 그의 인생은 파멸에 이르고 말 겁니다. 성령 하나님께서 저희 자녀를 불쌍히 여겨주시기를 빕니다. 하나님의 보호하심과 자비로우심을 사모하게 해주시옵소서.

    이어서 자녀의 상황에 따라 성령님께서 이끌어주시는 대로 빈다.

예수님의 이름으로 기도드립니다. 아멘

 잠 3:33을 소리를 내어 심장을 깨우듯이 읽으십시오.

6주차 6일

잠 4:1-2, 아들들아 아비의 훈계를 들으며 명철을 얻기에 주의하라
내가 선한 도리를 너희에게 전하노니 내 법을 떠나지 말라

힘이시며 노래이신 하나님,
○○(이)가 오늘, 배워야 하는 것들이 많은 중에, 먼저, 하나님을 배우도록 인도해주시기를 빕니다. 성령님께 충만해져서 하나님의 자녀로 서게 하시옵소서. 그리하여 저희 자녀에게 "아비의 훈계를 들으며" 한 날을 살아가도록 이끌어 주시옵소서.
○○(이)가 여호와께 인생의 청지기로 세워질 수 있도록 가르치게 하시기를 원합니다. 저희 부부가 자녀를 양육하는데 있어서, 저희들 자신의 말이나 경험을 고집하지 않게 하시옵소서. 저희들의 생각이 아니라 하나님의 말씀을 가르치는 부모가 되게 해주시옵소서.
사랑하는 자녀를 위하여 "선한 도리"를 주셨음에 감사드립니다. 여호와 앞에서 부모 된 자로서 하나님의 법을 가르치고, 지키도록 하는데 열심을 내게 하시옵소서. 그것이 바로 ○○(이)에게 선한 교훈, 생명에 이르는 약속이 될 것을 믿습니다.
○○(이)가 교회 안에서 양육을 받으며, 명철함에 이르는 것을 소중히 여기도록 가르치기 원합니다. 하나님이 없는 똑똑함보다는 조금 어리석어도 하나님을 모심을 귀히 여기게 하시옵소서.

이어서 자녀의 상황에 따라 성령님께서 이끌어주시는 대로 빈다.

예수님의 이름으로 기도드립니다. 아멘

 잠 4:1-2을 소리를 내어 심장을 깨우듯이 읽으십시오.

6주차 7일

잠 4:4, 아버지가 내게 가르쳐 이르기를 내 말을 네 마음에 두라 내 명령을 지키라 그리하면 살리라

영원한 반석이신 하나님,
저희 부부가 여호와 앞에서 살게 하시고, 사랑하는 ○○(이)의 생명을 저희 가정에 맡겨주신 것을 믿습니다. 하나님의 자녀, ○○(이)가 가정에서 자라는 동안에 하나님의 말씀으로 성장하게 하시옵소서.
이에, ○○(이)가 부모의 하나님을 자신의 하나님으로 부르게 하시옵소서. 부모의 신앙을 자신의 신앙으로 삼는 것을 즐거워하게 하시옵소서. 부모와 함께 해주시는 하나님을 자기도 만나겠다는 거룩한 도전으로 오늘을 지내게 하시옵소서.
저희 부부의 신앙을 ○○(이)가 그의 마음에 두기를 원합니다. 성령님께서 강권하셔서 오늘, 저희 가정의 신앙을 이어가게 하시옵소서. 무엇으로 자녀의 삶에 보장을 줄 수 있습니까? "그리하면 살리라."고 약속해주셨습니다. ○○(이)에게 이 약속을 취하게 하시옵소서.
○○(이)의 인생에 대한 보장은 하나님이십니다. 저희 자녀가 가정에서 자라는 동안에 부모로부터 배운 하나님의 말씀을 소중히 여기고, 순종하게 해주시옵소서. 저희 부부는 하나님께 부족하였으나 ○○(이)에게는 하나님의 말씀에 순종하는 생애로 만들어 주시옵소서.

　　　　이어서 자녀의 상황에 따라 성령님께서 이끌어주시는 대로 빈다.
예수님의 이름으로 기도드립니다. 아멘

 잠 4:4을 소리를 내어 심장을 깨우듯이 읽으십시오.

7주차 1일

잠 4:8, 그를 높이라 그리하면 그가 너를 높이 들리라 만일 그를 품으면 그가 너를 영화롭게 하리라

나에게 영광이신 여호와여,
오늘, 저희 자녀에게 하나님께서 높이 계셔주시기를 간구합니다. 하루를 지내는 동안에, ○○(이)에게 최고로 존경할 분이 되어주시옵소서. 성령님께서 감동하셔서 그에게 오직 사랑을 바칠 분은 우리 주님이시라고 고백하게 하시옵소서.
여호와 앞에서 '오직 주님'으로 살아드리는 한 날이 되게 하시옵소서. 그리하여 오늘의 삶이 하나님께 드려도 감사하는 제물이 되기 원합니다. 저희 자녀를 사랑하신다면 그가 하나님을 자기의 수단으로 삼거나 자신의 뜻을 이루기 위한 분으로 여기지 않게 해주시옵소서.
하나님께서 ○○(이)에게 사랑의 대상이 되어주신 것으로 감사드립니다. 저희 자녀가 주 안에서, 하나님을 사랑하므로 기쁜 한 날이 되게 하시옵소서. 하나님께서 오늘, 그에게 전부가 되어주시기를 빕니다.
"그를 품으면"이라는 말씀으로 축복해주셨습니다. 자신의 가슴에 하나님의 말씀을 껴안을 수 있는 시간을 주셨음을 믿게 하시옵소서. 그러므로 지혜를 기다리는 마음으로 한 날을 지내게 하시옵소서. 지혜가 방패가 되어주고, 인생을 보호해주는 것을 경험하게 하시옵소서.

　　이어서 자녀의 상황에 따라 성령님께서 이끌어주시는 대로 빈다.
예수님의 이름으로 기도드립니다. 아멘

 잠 4:8을 소리를 내어 심장을 깨우듯이 읽으십시오.

7주차 2일

잠 4:10, 내 아들아 들으라 내 말을 받으라 그리하면 네 생명의 해가 길리라

포도원지기가 되어 주시는 하나님,
사랑하는 ○○(이)를 축복합니다. 하나님을 경외하며 살아가도록 한 날을 새롭게 해주셨습니다. 오늘, 새 날을 시작하면서 하나님을 아버지라 부르게 하시옵소서. 하나님께서 아버지가 되어주시고, ○○(이)는 하나님을 사랑한다고 고백하는 자녀가 되게 하시옵소서.
오늘, 저희 자녀가 하나님을 공경하는 삶에 주목하게 하시옵소서. 저희 부부가 하나님을 사랑하는 것을 그대로 배워서 따르게 하시옵소서. 부모의 하나님을 자신의 하나님이라 부르는 복에 들어가게 하시옵소서. 하나님께서 그의 인생에 영원한 아버지이심을 믿습니다.
귀중한 물건은 도난당할까 하여 서랍의 깊은 곳에 감추어두듯이, 하나님을 경외하는 자세를 심령의 깊은 곳에 두게 하시옵소서. 부모에게서 보았던 하나님을 사랑하는 행동을 마음의 판에 새겨두게 하시옵소서. 저희 부부를 자녀로 삼아주셨던 것처럼 ○○(이)에게도 사랑하는 자녀라 받아주셨음에 감사드립니다. 제가 처음으로 하나님을 아버지라 불렀을 때 떨려왔던 것과 같이 저희 자녀에게도 하나님을 아버지라 부를 때, 생명의 감동을 느끼게 하시옵소서.
　　　이어서 자녀의 상황에 따라 성령님께서 이끌어주시는 대로 빈다.
예수님의 이름으로 기도드립니다. 아멘

 잠 4:10을 소리를 내어 심장을 깨우듯이 읽으십시오.

7주차 3일

잠 4:14-15, 사악한 자의 길에 들어가지 말며 악인의 길로 다니지 말지어다 그의 길을 피하고 지나가지 말며 돌이켜 떠나갈지어다

긍휼히 여기시는 하나님,

새 날을 시작하면서 하나님의 영이 ○○(이)를 인도해주실 것을 믿습니다. 그러나 ○○(이)가 성령님께 예민하지 못할 때, 사악한 자의 길로 갈 꼬임에 넘어갈까 두렵습니다. 자기의 유혹에 넘어가 악인의 길을 가기도 할 것입니다.

○○(이)에게 남아있는 죄의 본성이 여호와께 고의적으로 악한 행동을 계획하게 할까 염려됩니다. "그의 길을 피하고"라고 하신 권고가 ○○(이)의 심령에 꽂히게 해주시옵소서. 자기의 유혹에 자신을 넘겨주지 않도록 그의 심중을 성령님께서 붙들어 주시옵소서.

"돌이켜 떠나갈지어다."라고 말씀하셨습니다. ○○(이)에게 여호와께 마음을 두는 것이 지혜임을 배우게 해주시옵소서. 피조물이 창조자를 아는 데서 그 인생의 복이 정해져 있음을 믿습니다. ○○(이)에게 자기를 지으신 이에게로 돌아가 그를 찾으려는 열심을 주시옵소서.

저희 부부는 지금까지 하나님을 떠나서 살 수 없음을 믿었습니다. 하나님을 찾을 때, 그의 인생에 길이 열림을 믿게 하시옵소서.

　　　　이어서 자녀의 상황에 따라 성령님께서 이끌어주시는 대로 빈다.

예수님의 이름으로 기도드립니다. 아멘

 잠 4:14-15을 소리를 내어 심장을 깨우듯이 읽으십시오.

7주차 4일

잠 4:18, 의인의 길은 돋는 햇살 같아서 크게 빛나 한낮의 광명에 이르거니와

우리를 소성케 하시는 주여

하나님께서 사랑하시는 ○○(이)에게 인생의 행로에 대한 주의를 주셨음에 감사드립니다. 사실, 저희 자녀가 복된 인생으로 살아가는 것은 하나님의 은혜와 그의 선택에 달려 있음을 믿습니다. ○○(이)가 하나님의 약속을 선택하고, 그 길에만 있을 것을 결단하게 하시옵소서.

"돋는 햇살 같아서"라고 축복해주셨습니다. ○○(이)에게 돋는 햇살, 곧 어둠에서 떠오르는 새벽의 빛을 약속해주셨으니 의인의 길을 사모하며 종일을 지내도록 해주시옵소서. 하나님께서 빛이 되어주시니 길이 열려지는 은혜를 경험하는 인생이 되게 하시옵소서.

새벽의 빛으로 한낮의 시간을 맞이하는 저희 자녀가 되기를 원합니다. 하나님을 경외하며 자라가면서 온전함에 이르게 하시옵소서. 성령님께서 그를 하나님께 온전한 성도로 만들어주심을 믿습니다.

부모로부터 물려받은 신앙을 자기의 것으로 삼기를 소원하게 해주시옵소서. 그 신앙으로 하나님께서 원하시는 온전한 모습을 갖고자 사모하게 해주시옵소서. 그로 말미암아 하나님의 영광에 이르는 저희 자녀로 만들어주시옵소서.

이어서 자녀의 상황에 따라 성령님께서 이끌어주시는 대로 빈다.

예수님의 이름으로 기도드립니다. 아멘

 잠 4:18을 소리를 내어 심장을 깨우듯이 읽으십시오.

7주차 5일

잠 4:23, 모든 지킬 만한 것 중에 더욱 네 마음을 지키라 생명의 근원이 이에서 남이니라

기다리는 자에게 복이 되시는 하나님,
○○(이)에게 예수님을 구주로 영접하게 하시고, 하나님께 영광이 되는 삶을 살아가게 하시니 감사드립니다. 오늘, 한 날을 지내면서 하나님께 드려진 마음을 지키게 해주시기를 빕니다.
저희 자녀가 모든 것이 마음에서부터 비롯된다는 것을 잊지 않게 해주시옵소서. ○○(이)의 마음을 성령님께 드리니 맡아주시옵소서. 그의 마음이 하나님께 드릴만한 제물이 되기를 원합니다.
저희 자녀가 마음을 옳지 않은 것에 내어주지 않도록 도와주시옵소서. 하나님께서 미워하시는 것들로부터 마음을 지키게 하시옵소서. 잠깐일지라도 악하다 하는 것들에게는 손을 대지 않도록 막아주시옵소서. 하나님께서 선물로 주신 이 날에, 마음을 드려 여호와의 영광을 사모하는 마음이 되게 하시옵소서. 성령님께서 감동해주신 마음을 지키도록 자신을 구별하게 하시옵소서.
○○(이)가 오늘을 지내면서, 혹시 친구들로부터 외톨이가 될지라도 성령님께서 주신 마음을 지키게 하시옵소서. 생명의 근원이 마음이라는 사실을 기억하여 자신을 지키기에 주의하도록 인도해주시옵소서.

　　　　이어서 자녀의 상황에 따라 성령님께서 이끌어주시는 대로 빈다.

예수님의 이름으로 기도드립니다. 아멘

 잠 4:23을 소리를 내어 심장을 깨우듯이 읽으십시오.

7주차 6일

잠 4:24, 구부러진 말을 네 입에서 버리며 비뚤어진 말을 네 입술에서 멀리하라

우리의 왕이신 하나님,
○○(이)가 입을 벌려서 하나님을 찬양하게 하시니 감사드립니다. 사랑하는 저희 자녀의 말을 하나님께서 좋아하시기를 빕니다. 여호와 앞에서 옳지 못한 생각이 들 때, 마음에 자리를 잡기 전에 거두어 주시옵소서.

"구부러진 말을 네 입에서 버리며"라고 하셨습니다. ○○(이)가 마음으로 하나님을 왜곡하지 않게 하시옵소서. 하나님께 대하여 왜곡하려는 생각이 들어오지 않도록 결박시켜 주시옵소서. 종일을 지내면서 구부러진 말을 듣게 되면 그 순간에, 마음에서 밀어내게 하시옵소서.

"비뚤어진 말을 네 입술에서 멀리하라."고 하셨습니다. ○○(이)가 마음으로 하나님께 비뚤어져서 하나님을 거역하지 않게 하시옵소서. 고의로 하나님의 말씀을 거역하는 충동을 받지 않게 해주시옵소서. 비뚤어진 말의 영을 결박시켜 주시옵소서.

저희 자녀가 오늘을 지내면서 하나님께 드릴 수 없는 말에 주목하게 하시옵소서. 이로써 의를 구하도록 이끌어 주시옵소서. 죄에서 떠나도록 성령님께서 그의 마음을 강권해주시옵소서.

　　　이어서 자녀의 상황에 따라 성령님께서 이끌어주시는 대로 빈다.

예수님의 이름으로 기도드립니다. 아멘

 잠 4:24을 소리를 내어 심장을 깨우듯이 읽으십시오.

7주차 7일

잠 4:25-26, 네 눈은 바로 보며 네 눈꺼풀은 네 앞을 곧게 살펴 네 발이 행할 길을 평탄하게 하며 네 모든 길을 든든히 하라

우리의 분깃이 되어 주시는 하나님,
오늘, 여호와께 ○○(이)가 복되기를 소원합니다. 그가 한 날을 지내면서 자신의 심령을 하나님께 두게 하시옵소서. 마음과 생각을 하나님께로 모으는 한 날의 삶으로 인도해주시옵소서.
"네 눈은 바로 보며"라고 축복해주셨습니다. 저희 자녀에게 그의 시야를 흔들림이 없이 하나님께로 집중적으로 고정하게 하시옵소서. 그리하여 "네 앞을 곧게 살펴"라는 말씀이 경험되어지게 해주시옵소서. 성령님께서 깨달아 알게 해주신 삶을 향해서 집요하게 매진하는 삶이 되게 하시옵소서.
○○(이)에게 하나님 앞에서 자신을 끊임이 없이 돌아보게 하시옵소서. 그리하여 오늘, 저희 자녀가 살아가는 시간이 순조롭지만은 않을지라도 "네 발이 행할 길을 평탄하게 하며"라고 하신 약속의 응답을 받게 하시옵소서.
길을 열어주시는 하나님, 안전하게 다니도록 길을 평평하게 해주시는 하나님, 장애가 되는 것들을 치워주시는 하나님을 고백하게 하시옵소서. 그 길을 걸음으로써 실족하지 않고, 나아가게 해주시옵소서.

　　　이어서 자녀의 상황에 따라 성령님께서 이끌어주시는 대로 빈다.

예수님의 이름으로 기도드립니다. 아멘

 잠 4:25-26을 소리를 내어 심장을 깨우듯이 읽으십시오.

8주차 1일

잠 4:27, 좌로나 우로나 치우치지 말고 네 발을 악에서 떠나게 하라

오늘도 지키시는 하나님,
여호와 앞에서 저희 자녀를 복 되게 해주셨음에 감사드립니다. ○○(이)에게 행할 길을 평탄하고, 든든하게 해주신 하나님을 찬양합니다. 저희 자녀가 오늘도 그 은혜를 누리며 살아가도록 해주시옵소서.
사랑하는 ○○(이)가 "좌로나 우로나 치우치지 않도록" 성령님께서 강권해주심을 경험하는 한 날이 되기 원합니다. ○○(이)를 틈타려는 사탄의 세력은 결박해주시고, 생명의 길로 가게 하시옵소서. 그의 인생을 축복하시며, 열어주신 그 길을 주의하게 하시옵소서.
○○(이)가 죄의 행실에 손을 대려 할 때, 성령님께서 막아주시옵소서. 성령님의 강권하심으로 죄에서 떠나도록 인도해주시옵소서. 하나님께서 열어주신 의의 길을 지키게 하시옵소서. 혹시, 왼편으로든지 오른편으로 치우쳐 불의의 길에 발을 두지 않게 하시옵소서.
어떤 상황에 부딪친다 해도 흔들리지 않고, 여호와의 길을 걸어가는 오늘의 삶으로 이끌어주시옵소서. ○○(이)에게 종일을 지내면서 길을 곧게 해주시는 하나님께 소망을 두게 하시옵소서. 또한 평안으로 너를 인도하실 하나님을 바라보게 하시옵소서.
　　　이어서 자녀의 상황에 따라 성령님께서 이끌어주시는 대로 빈다.
예수님의 이름으로 기도드립니다. 아멘

 잠 4:27을 소리를 내어 심장을 깨우듯이 읽으십시오.

8주차 2일

잠 5:1-2, 내 아들아 내 지혜에 주의하며 내 명철에 네 귀를 기울여서
근신을 지키며 네 입술로 지식을 지키도록 하라

기도를 들으시는 주여,

여호와 앞에서 ○○(이)가 지혜의 사람으로 살아가도록 인도해주셨음에 감사드립니다. 성경을 사랑하여 하나님의 말씀을 받게 하시고, 믿음의 부모에게서 하나님을 믿는 것을 배우며, 신앙의 사람으로 자라게 하셨습니다.

저희 자녀가 하나님께 배운 것을 자신의 지혜로 삼게 하시옵소서. 성령님께서 자신의 심령을 만져주시고, 때로는 체험하도록 신령한 지식을 잊지 않게 해주시옵소서. 그 지혜로 자기가 어떻게 살아가며, 행동해야 할 것인가를 선택하게 하시옵소서.

이로써 오늘 한 날에도 여호와 앞에서 근신을 지키는 경건의 사람으로 살게 하시옵소서. 마음을 하나님께 드리고, 생각으로 하나님을 주목하여 자신의 행실에 대하여 신중하게 해주시옵소서.

"네 입술로 지식을 지키도록 하라."고 축복해주셨습니다. 하나님의 말씀이 아닌 것을 지식으로 삼지 않도록 도와주시옵소서. 하나님의 지식만 소중히 여기고, 그것에 순종하게 하시옵소서. 자신을 즐겁게 하는 것에 솔깃해서 귀를 기울이거나 마음을 주지 않도록 하시옵소서.

이어서 자녀의 상황에 따라 성령님께서 이끌어주시는 대로 빈다.

예수님의 이름으로 기도드립니다. 아멘

 잠 5:1-2을 소리를 내어 심장을 깨우듯이 읽으십시오.

8주차 3일

잠 5:3, 대저 음녀의 입술은 꿀을 떨어뜨리며 그의 입은 기름보다 미끄러우나

찬양이 되시는 하나님,
저희 자녀가 여호와께 거룩하기를 원하시는 하나님께 영광을 드립니다. 아직 어려서 하나님의 사람으로 살아가야 하는 의미를 잊고, 때때로 자신의 기분에 따라 살려합니다. 하나님을 주목하게 해주시옵소서. 오늘, ○○(이)가 음녀의 입술은 꿀을 떨어뜨린다는 것을 생각하기를 원합니다. 유혹하는 말이나 달콤하게 여겨지는 행동으로부터 자기를 지키도록 하시옵소서. 사람이 죄를 짓는 모든 과정에는 죄의 유혹이 주는 달콤함 때문인 것을 잊지 않도록 도와주시옵소서.
종일을 보내면서, 하나님의 말씀만이 ○○(이)의 생각과 행동을 결정해주시기를 빕니다. 자신의 생각에 맡겨서 행동을 선택하지 않게 하시옵소서. 마음을 꾀이는 것들이 좋게 여겨져서 판단력이 흐려져 죄의 길로 들어서지 않도록 막아주시옵소서.
음녀의 입이 "기름보다 미끄러우나"라고 하였으니, ○○(이)가 아첨과 유혹에 자신을 내어주지 않게 해주시옵소서. 아첨에 대하여 단호하게 하시옵소서. 죄의 유혹을 거절하게 해주시옵소서. 하나님께서 원하시지 않는 것들은 그의 생각에서 제거해주시옵소서.

　　　이어서 자녀의 상황에 따라 성령님께서 이끌어주시는 대로 빈다.
예수님의 이름으로 기도드립니다. 아멘

 잠 5:3을 소리를 내어 심장을 깨우듯이 읽으십시오.

8주차 4일

잠 5:7-8, 그런즉 아들들아 나에게 들으며 내 입의 말을 버리지 말고 네 길을 그에게서 멀리 하라 그의 집 문에도 가까이 가지 말라

요새이시며 산성이신 하나님,
경건한 자손을 원하시는 하나님께 저희 자녀를 올려드립니다. 한나가 그러하였듯이, ○○(이)를 하나님께 구별하기를 원합니다. 하나님 중심의 사람이 되게 하시옵소서.
오늘, 저희 자녀가 한 날을 살아가면서 하나님의 말씀을 듣는 삶이 되기를 원합니다. 그 말씀에 ○○(이)의 생명이 있고, 평안이 있음을 믿게 하시옵소서. 이미 들었던 하나님의 말씀이 기억되면서 다시금 그의 심장을 깨우는 소리로 들려지게 하시옵소서.
○○(이)에게 "내 입의 말을 버리지 말고"라고 축복해주셨습니다. 한 날을 지내는 동안에 저희 자녀가 선택과 결정을 경험하는 것들 중에서 하나님의 말씀이 우선적이게 하시옵소서. 그가 소중히 여겨야 할 것들 중에서 제일 먼저의 자리가 되게 하시옵소서.
오늘, 성령님께서 ○○(이)를 죄인들의 길에 서지 않도록 담대하게 해주시고, 어떤 꼬임에도 흔들리지 않게 해주시옵소서. 사람들로부터 혹시 외톨이가 된다 해도 자신의 자리를 지키게 해주시옵소서.

　　　이어서 자녀의 상황에 따라 성령님께서 이끌어주시는 대로 빈다.
예수님의 이름으로 기도드립니다. 아멘

 잠 5:7-8을 소리를 내어 심장을 깨우듯이 읽으십시오.

8주차 5일

잠 5:9, 두렵건대 네 존영이 남에게 잃어버리게 되며 네 수한이 잔인한 자에게 빼앗기게 될까 하노라

은혜로우신 하나님,
새 날을 주시고, 하나님 앞에서 살아가도록 하셨으니 ○○(이)를 축복합니다. 저희 자녀가 아직 어려서, 의와 불의를 구별하지 못하는 경우도 있지만, 하나님의 은혜에 붙들려 있음에 감사드립니다. 부모가 부르며 지냈던 하나님 아버지를 찾는 심령이 되게 하시옵소서.
"네 존영이 남에게 잃어버리게 되며"라고 주의를 당부해주셨습니다. 하나님께서 은혜로 주신 아름다운 성품을 잃지 않겠다는 결단을 새롭게 하도록 해주시옵소서. 자기에게 주신 하나님을 사랑하는 마음을 더럽히거나 그 마음을 잃지 않기 위해서 주의하게 하시옵소서.
한 순간의 판단을 잘못해서 죄에 손을 대지 않게 해주시옵소서. 달콤한 맛으로 밀려오는 악한 생각에 자신을 휩쓸리지 않게 해주시옵소서. 하나님께서 자녀 된 신분을 잃지 않도록 악으로부터 지켜주시옵소서. ○○(이)의 인생을 파멸로 이끌고 가려는 영을 결박시켜주시옵소서. 그의 마음을 홀려서 큰 악에 빠지도록 하는 사탄의 궤계를 성령님께서 막아주시기를 원합니다. 죄를 짓고, 그 후에야 한탄하는 인생이 되지 않도록 붙들어주시옵소서.

　　　이어서 자녀의 상황에 따라 성령님께서 이끌어주시는 대로 빈다.
예수님의 이름으로 기도드립니다. 아멘

 잠 5:9을 소리를 내어 심장을 깨우듯이 읽으십시오.

8주차 6일

> 잠 5:13, 내 선생의 목소리를 청종하지 아니하며 나를 가르치는 이에게 귀를 기울이지 아니하였던고

상한 심령을 주시는 여호와여,

저희 자녀에게 자신의 행위를 돌아보고, 하나님께서 회복하게 해주시는 은혜를 경험하게 되기를 원합니다. 회개하기를 즐거워하게 하시옵소서. ○○(이)가 여호와께 순결하지 못했던 시간들에 대하여 뉘우침과 함께 회개의 눈물을 쏟게 해주시옵소서.

하나님보다 자신의 생각대로 하여 지은 죄에 대한 통렬한 반성을 경험하기를 원합니다. 죄를 지었음에도 회개할 줄 모르고 자기변명으로 일관하지 않도록 나무라주시옵소서. 죄를 깨달음과 회개 역시 하나님의 은혜를 경험하는 시간이라는 것을 배우도록 도와주시옵소서.

배움으로 받은 것을 잘 간직하지 못해서 죄를 짓고 말았음을 깨닫게 하시옵소서. 배운 것을 생활에서 바르게 적용하여 자신을 지키며, 죄는 피하도록 이끌어주시옵소서.

이 시간에, ○○(이)를 축복합니다. 순간, 순간 자신의 행동을 돌아보아 자기를 살피게 하시옵소서. 그리하여 유혹에 눈이 멀어 말씀을 거절했음을 깨닫게 해주시며, 이미 가르침을 받았던 것들을 고의로 거절했던 어리석음에 대한 아픈 반성의 시간도 갖게 하시옵소서.

이어서 자녀의 상황에 따라 성령님께서 이끌어주시는 대로 빈다.

예수님의 이름으로 기도드립니다. 아멘

 잠 5:13을 소리를 내어 심장을 깨우듯이 읽으십시오.

8주차 7일

잠 5:21, 대저 사람의 길은 여호와의 눈 앞에 있나니 그가 그 사람의 모든 길을 평탄하게 하시느니라

인자하심이 크신 하나님,
저희 가정에 귀한 생명을 주시고, 자라게 해주셨음에 감사합니다. 지금까지 하나님의 영이 ○○(이)와 함께 하셨으며, 그를 돌보아주셨습니다. 혈연적으로는 저희 부부의 자녀이지만 그의 인생은 하나님의 것임을 고백하게 하시옵소서.
사랑하는 ○○(이)가 여호와 앞에 있음을 잠시라도 잊지 말게 해주시옵소서. "사람의 길은 여호와의 눈 앞에 있나니"라고 하셨습니다. 모든 피조물을 감찰하시는 하나님의 신적 능력을 주목하면서 자신의 행동을 살피도록 해주시옵소서.
그가 여호와 앞에 있음으로 외롭지 않음을 깨닫게 하시옵소서. 하나님의 품을 인식하면서 오늘도 지내도록 ○○(이)의 심령을 붙들어 주시옵소서. 어린 사무엘이 성전에서 자랐던 것처럼 ○○(이)가 하나님의 품에서 살아가도록 붙잡아 주시옵소서.
악한 자와 선한 자를 살피시는 하나님이십니다. 저희 부부가 하나님을 피하려 하지 않고, 고백하는 삶을 살아오는 은혜가 ○○(이)의 것이 되기를 원합니다. 자신을 하나님께 감추지 않도록 강권해주시옵소서.

　　　　이어서 자녀의 상황에 따라 성령님께서 이끌어주시는 대로 빈다.

예수님의 이름으로 기도드립니다. 아멘

 잠 5:21을 소리를 내어 심장을 깨우듯이 읽으십시오.

9주차 1일

잠 6:2, 네 입의 말로 네가 얽혔으며 네 입의 말로 인하여 잡히게 되었느니라

영원히 다스리시는 하나님,

저희 자녀에게 함께 살아가는 이웃이 있도록 해주셨음에 감사드립니다. 부모와 형제들도 그에게 이웃이며, 학교에서도 친구들을 이웃으로 경험하게 하시옵소서. 사랑하는 ○○(이)에게 이웃으로 말미암은 하나님의 음성을 듣게 해주시옵소서.

○○(이)에게 이웃은 언제나 사랑의 대상, 자비의 대상이 되게 하시옵소서. 그들이 어려움에 빠지게 되었을 때, 외면하지 않게 하시고, 힘을 다하여 손을 내어밀도록 성령님께서 강권해주시옵소서. 이웃을 구하시려는 하나님의 눈을 사모하게 하시옵소서.

오늘, 저희 자녀에게 성령님께서 지혜를 주시고, 슬기롭게 하사 이웃을 대할 때, 섣부른 말이나 참견을 하지 않기를 원합니다. 성령님께서 그의 입과 손을 막아주시옵소서. 자신의 우월감이나 자기를 나타내어 보이려는 충동으로 이웃을 대하지 않게 하시옵소서.

○○(이)가 한 날을 지내면서 말로 이웃에게 약속을 했다면 그것이 자신에게 손해일지라도 지키게 하시옵소서. 이로써 말씀하신 것은 꼭 지키시는 하나님 앞에 서도록 하시옵소서.

    이어서 자녀의 상황에 따라 성령님께서 이끌어주시는 대로 빈다.

예수님의 이름으로 기도드립니다. 아멘

 잠 6:2을 소리를 내어 심장을 깨우듯이 읽으십시오.

9주차 2일

잠 6:6, 게으른 자여 개미에게 가서 그가 하는 것을 보고 지혜를 얻으라

대대로 통치하시는 하나님,

새 날을 주셨으니, ○○(이)가 여호와께 복 된 자녀가 되기를 축복합니다. 저희 자녀가 오늘도 하나님을 사랑하는 마음을 소중하게 여기도록 해주시옵소서. 시온의 길에서 걷는 한 날이 되게 하시옵소서.

○○(이)에게 개미로부터 삶의 지혜를 배우라 하신 말씀을 좋아합니다. 저희 자녀를 복 된 사람이 되게 하시려고, 개미로부터 인생의 교훈을 찾아 자기의 것으로 여기게 하셨습니다.

성경을 읽을 때마다 배우게 되는 부지런함과 부모와 더불어 지내면서 습득 된 성실함으로 자신의 인생을 훈련하게 하시옵소서. 하나님께서 저희들에게 시간을 주셨음에, 시간의 청지기로 성실하게 살아가도록 이끌어 주시옵소서. ○○(이)의 마음과 생각을 다스려 주시옵소서.

개미는 부지런하고 준비성 있는 곤충으로 알려져 있는 바, 성령님께 충만해져서 개미의 모습에서 자기를 발견하도록 도와주시옵소서. 그리하여 어려서부터 게으를 수 있는 허물을 방지하는 지혜로운 자녀가 되도록 세워주시옵소서.

성령님께서 친히 ○○(이)에게 스승이 되어 주시옵소서. 그래서 배워야 할 것을 깨닫게 해주시고, 거절해야 할 것을 버리게 하시옵소서.

> 이어서 자녀의 상황에 따라 성령님께서 이끌어주시는 대로 빈다.

예수님의 이름으로 기도드립니다. 아멘

 잠 6:6을 소리를 내어 심장을 깨우듯이 읽으십시오.

9주차 3일

잠 6:10-11, 좀더 자자, 좀더 졸자, 손을 모으고 좀더 누워 있자 하면
네 빈궁이 강도 같이 오며 네 곤핍이 군사 같이 이르리라

우리를 품어주시는 주여,

오늘, 사랑하는 저희 자녀가 하나님의 품이 주는 은혜에 풍성하게 하시옵소서. ○○(이)의 인생을 하나님께서 품어주시기를 빕니다. 여호와 앞에서 인정을 받는 한 날의 생활을 계획하게 하시옵소서.

오늘을 지내는 동안에, ○○(이)가 대수롭지 않거나 사소한 것들에도 주목하도록 이끌어 주시옵소서. 생각이 행동을 만들게 되고, 그 행동은 다시 습관으로 이어진다는 것을 기억하게 하시옵소서. 혹시라도 사소한 행동들이 이어져 무절제하거나 방종하지 않게 막아주시옵소서.

○○(이)가 작은 것들에 부주의하여 자신의 마음이나 생각을 내어주지 않도록 성령님께서 강권해주시기를 빕니다. 언제든지 옳지 않은 습관은 '한 번만' 또는 '좀더'에 붙어 있다가 ○○(이)에게 돌이키기 힘들게 한다는 사실에 주의하게 하시옵소서.

하나님께서 옳지 않다고 여기신다는 판단이 선다면 즉시 거절하게 하시옵소서. 순간적으로 방심하여 휩쓸리지 않도록 붙들어 주시옵소서. 오늘도 성령님께서 ○○(이)를 지켜주시지 않으면 미끄러질 수밖에 없습니다. 돌이켜 막을 수 없는 환경을 만나지 않도록 도와주시옵소서.

이어서 자녀의 상황에 따라 성령님께서 이끌어주시는 대로 빈다.

예수님의 이름으로 기도드립니다. 아멘

 잠 6:10-11을 소리를 내어 심장을 깨우듯이 읽으십시오.

9주차 4일

잠 6:12, 15, 불량하고 악한 자는 구부러진 말을 하고 다니며/ 그러므로 그의 재앙이 갑자기 내려 당장에 멸망하여 살릴 길이 없으리라

자녀를 사랑하게 하신 하나님,
자녀를 위해서 축복하는 지금까지의 시간이 행복했습니다. ○○(이)가 부모의 신앙을 물려받기를 사모하고, 하나님의 품을 떠나지 않게 하셨음에 감사드립니다. 그의 삶을 하나님께 올려드리니 받아주시옵소서.
오늘, ○○(이)가 착한 행실에 힘을 써서 그 행실의 열매로 하나님의 이름에 영광을 드리도록 이끌어 주시옵소서. 성령님께서 그의 마음과 생각을 주장하셔서 의의 열매를 맺는 삶에 주목하게 하시옵소서.
아주 잠시라도 부주의해서 여호와께 불량하거나 악한 자라는 평가를 받지 않도록 죄를 막아주시옵소서. 하나님 앞에서나 사람들에게 아무런 유익이 되지 못하는 인생이 되지 않게 하시옵소서. 성령님께서 그를 다스려서 하나님께 대항하는 행동을 하지 않도록 도와주시옵소서.
○○(이)가 자신의 즐거움을 삼으려고, 진리를 거스르는 행동을 하지 않도록 이끌어 주시옵소서. 순간적으로 옳지 않은 행동의 유혹을 뿌리치지 못하여 죄를 짓게 될 때, 성령님께서 그의 발을 막아주시옵소서. 악한 것에 대하여서는 모양이라도 쳐다보지 않게 하시옵소서.
　　　이어서 자녀의 상황에 따라 성령님께서 이끌어주시는 대로 빈다.
예수님의 이름으로 기도드립니다. 아멘

 잠 6:12, 15을 소리를 내어 심장을 깨우듯이 읽으십시오.

9주차 5일

잠 6:17, 곧 교만한 눈과 거짓된 혀와 무죄한 자의 피를 흘리는 손과

불쌍히 여겨주시는 하나님,

오늘도 저희 자녀가 여호와께 복 된 인생이 되어 죄악 된 행동을 거절하는 한 날로 삼도록 해주시기를 원합니다. 자기를 지켜서 하나님께서 미워하시는 것에 대하여 배워, 그것들을 멀리하거나 거절하기를 다짐하게 하시옵소서.

하나님의 사람이라 하지만 ○○(이)가 아직 미숙하여 경건에 부족하니 성령님께서 그의 마음을 주장해주시옵소서. 자신을 남들보다 높은 데 두고 싶어 하는 충동을 받지 않고, 오히려 남들에게서 자신을 낮추게 하시옵소서.

오늘, 종일을 지내면서 ○○(이)가 하나님께나 사람에게 죄를 짓게 되는 시작이 교만해지려는 욕망에 있음을 주의하게 하시옵소서. 자신이 높아지려 하기 때문에 남들을 무시하게 되고, 거짓말로 남들을 속이는 죄를 짓는 데까지 이른다는 것을 잊지 않도록 도와주시옵소서.

저희 부부에게도 교만하지 않도록 붙들어주신 하나님이십니다. 하나님께서 저희 자녀를 사랑하사, 그가 교만하지 않도록 막아주시옵소서. ○○(이)에게 날마다 교만의 영과 대적하도록 성령님께서 강권해주시옵소서. 오늘의 삶을 겸손한 마음과 행동으로 채워주시옵소서.

　　　이어서 자녀의 상황에 따라 성령님께서 이끌어주시는 대로 빈다.

예수님의 이름으로 기도드립니다. 아멘

 잠 6:17을 소리를 내어 심장을 깨우듯이 읽으십시오.

9주차 6일

잠 6:18, 악한 계교를 꾀하는 마음과 빨리 악으로 달려가는 발과

시온에 계시는 하나님,
저희 가정을 여호와께 악한 사람이 되지 않도록 가르치는 교실로 삼아주시기를 원합니다. ○○(이)가 부모와 함께 지내면서 하나님께서 미워하시는 일들에 대하여 배우는 기회가 되게 하시옵소서. 저희 가정이 하나님께 성전이 되기를 원합니다.

○○(이)가 "악한 계교를 꾀하는 마음"을 미워하는 자신을 하나님께 보여드리게 하시옵소서. 하나님을 믿지 않는 자들은 그들이 비록 어리더라도 악한 계교를 꾀하려 하기 때문에, 저희 자녀가 그들을 친구로 삼지 않게 하시옵소서.

나아가, "빨리 악으로 달려가는 발"을 거절하는 자신을 하나님께 보여드리게 하시옵소서. 마귀에게 종이 된 자들에게는 그 마음에 악을 꾀하려 하기 때문에 악한 행동을 주저 없이 한다는 것을 ○○(이)가 깨닫기를 원합니다. 마귀에게서 난 자들이 자기의 주변에서 자신에게 죄를 짓도록 유혹한다는 것도 잊지 않게 하시옵소서.

오늘, 하나님 앞에서 저희 자녀가 살아가고 있는 것만으로 마귀를 대적하는 것이 되게 하시옵소서. 종일을 지내면서 하나님께서 미워하시는 것들을 주의하고, 또 주의하도록 이끌어 주시옵소서.

　　　이어서 자녀의 상황에 따라 성령님께서 이끌어주시는 대로 빈다.

예수님의 이름으로 기도드립니다. 아멘

 잠 6:18을 소리를 내어 심장을 깨우듯이 읽으십시오.

9주차 7일

잠 6:19, 거짓을 말하는 망령된 증인과 및 형제 사이를 이간하는 자이니라

성실하심이 대대에 이르시는 하나님,
저희 부부의 하나님께서 오늘, ○○(이)에게도 하나님이 되어주심을 믿습니다. 저희 자녀에게 스스로 하나님을 아버지라 부르는 은혜의 한 날로 삼게 해주시옵소서. 그리하여 오늘을 지내면서 하나님의 성품을 닮아가기를 소원하게 하시옵소서.

하나님께서 미워하시는 행실을 거절하게 하시옵소서. ○○(이)에게 죄악 된 것들에 대한 유혹을 물리치도록 강권해주시옵소서. 하나님의 성품에 대항하는 행실에 대해서는 대적하도록 담대하게 하시옵소서. 오직 성령님께 순종하여 악을 대적하게 하시옵소서.

"거짓을 말하는 망령된 증인"에 대하여 주의하게 하셨으니, 거짓된 생각이나 말에 민감하게 하시옵소서. ○○(이)가 하나님의 참 되심에 대항하는 행동으로 죄를 짓지 않도록 주의할 것을 구합니다.

마귀에게 속한 사람은 자기의 유익을 위해서 거짓말을 즐기지만, 저희 자녀는 자신이 하나님께 속해 있음에 늘 감사하게 하시옵소서. 거짓은 이웃을 사랑하라는 계명을 어기는 행동이라는 것을 잊지 않고 지내도록 ○○(이)의 마음을 다스려 주시옵소서.

　　　이어서 자녀의 상황에 따라 성령님께서 이끌어주시는 대로 빈다.

예수님의 이름으로 기도드립니다. 아멘

 잠 6:19을 소리를 내어 심장을 깨우듯이 읽으십시오.

10주차 1일

잠 6:25, 네 마음에 그의 아름다움을 탐하지 말며 그 눈꺼풀에 홀리지 말라

긍휼이 많으신 하나님,

새로운 날을 주시고, ㅇㅇ(이)에게 여호와께 영광이 되게 하셨음에 감사드립니다. 그를 택정하사, 하나님의 자녀로 삼아주셨으니, 하나님께서 미워하시는 것들에 마음을 빼앗기지 않도록 하시옵소서.

살아가는 동안에, 거룩하게 살라고 구별해주셨으니 그 구별을 지키도록 은혜를 내려주시옵소서. 사랑하는 그의 마음을 지켜주시옵소서. 성령님께서 그의 마음에 거룩함이라는 빗장을 걸어주시옵소서.

"네 마음에 그의 아름다움을 탐하지 말며"라고 하셨습니다. ㅇㅇ(이)가 이 말씀을 자신의 마음에 새기기를 소원합니다. 자신의 마음을 더럽히는 것들이 유혹해올 때, 물리치게 해주시옵소서. 그 유혹이 흥미롭게 여겨지지 않게 하시고, 하나님께 드려진 제물 된 삶에 소원을 갖도록 하시옵소서.

오늘, 한 날의 삶에서 자신의 생활이 고스란히 하나님께 드릴만한 예물이 되기를 사모하게 하시옵소서. 마음과 생각, 말과 행동을 제물로 드림을 경험하게 하시옵소서. 혹시 함께 지내던 친구들로부터 외톨이가 된다 해도 믿음으로 살겠다는 용기를 갖게 하시옵소서.

　　　이어서 자녀의 상황에 따라 성령님께서 이끌어주시는 대로 빈다.

예수님의 이름으로 기도드립니다. 아멘

 잠 6:25을 소리를 내어 심장을 깨우듯이 읽으십시오.

10주차 2일

잠 6:32, 여인과 간음하는 자는 무지한 자라 이것을 행하는 자는 자기의 영혼을 망하게 하며

그의 영광이 하늘보다 높으신 하나님,

오늘, 저희 가정에서 하나님의 영광을 높여드리기 원합니다. 그 영광에 합당한 찬송을 드리게 하시옵소서. 온 가족이 성령님께 충만해서 하나님의 이름을 즐거워하게 하시옵소서.

사랑하는 ○○(이)를 세상의 더러운 것들로부터 지켜주시옵소서. 오늘도 마귀는 틈을 노려 저희 자녀를 쓰러뜨리려 할 것입니다. 성령님께 충만 되게 하시고, 여호와를 향해서 마음이 없는 자로서 지내지 않도록 하시옵소서. ○○(이)를 불쌍히 여겨주시옵소서.

오늘, 저희 자녀에게 "자기의 영혼을 망하게 하며"라는 말씀을 경고로 받는 복을 내려 주시옵소서. 사람의 행실 중에서 하나님께로부터 심판을 받게 되는 것이 있음을 깨닫게 해주시옵소서. 죄를 짓게 하는 행실로 말미암아 망하게 된다는 것을 두려워하게 하시옵소서.

하나님 앞에서 판단 능력이 마비된 상태에 이르지 않도록 막아주시옵소서. 하나님의 영이 자기를 다스리지 않으시면 언제라도 죄를 저지를 수 있다는 두려움을 잊지 않게 하시옵소서. 주님의 보혈을 찬송하면서 죄에 대항하는 한 날이 되게 하시옵소서.

  이어서 자녀의 상황에 따라 성령님께서 이끌어주시는 대로 빈다.

예수님의 이름으로 기도드립니다. 아멘

 잠 6:32을 소리를 내어 심장을 깨우듯이 읽으십시오.

10주차 3일

잠 7:2-3, 내 계명을 지켜 살며 내 법을 네 눈동자처럼 지키라 이것을 네 손가락에 매며 이것을 네 마음판에 새기라

구원이 되어 주시는 하나님,

저희 자녀에게 하나님 앞에서 구원을 이루어 가는 복 된 시간이 되기를 원합니다. 오늘도 사탄은 저희 자녀에게 죄를 짓게 하려고 틈을 노리지만 하나님께 속한 자로 살아가기에 부족하지 않게 하시옵소서.

○○(이)가 하나님의 말씀을 눈동자처럼 지키는 은혜를 경험하게 하시옵소서. 하나님께서 저희 자녀를 눈동자처럼 지켜주시듯이, 그가 인생의 소망이 하나님의 말씀에 있음을 믿기를 원합니다. 그 말씀을 자기에게 약속되어 있는 복으로 여기게 하시옵소서.

아울러, 저희 자녀에게 하나님의 말씀을 곁에 두는 경험의 한 날로 삼아주시옵소서. 반지를 손가락에 끼어 간직하는 것처럼 하나님의 말씀을 자기의 곁에 두어 그대로 지키는 복을 누리게 하시옵소서. 세상의 것들에 눈을 주지 않고, 하나님의 말씀을 기쁨으로 삼게 하시옵소서.

나아가 ○○(이)가 하나님의 말씀을 마음의 판에 새길 때, 그의 인생이 보장될 줄로 믿습니다. 구원을 약속해주는 말씀에 소망을 두고, 그 말씀으로 살아가게 하시옵소서. 성령님께서 깨달아 기억나게 하시는 말씀을 지켜서 자신의 생명을 그 말씀에 두게 하시옵소서.

　　　이어서 자녀의 상황에 따라 성령님께서 이끌어주시는 대로 빈다.

예수님의 이름으로 기도드립니다. 아멘

 잠 7:2-3을 소리를 내어 심장을 깨우듯이 읽으십시오.

10주차 4일

잠 7:4, 지혜에게 너는 내 누이라 하며 명철에게 너는 내 친족이라 하라

생명이 되어 주시는 하나님,

하나님의 말씀이기에, ○○(이)가 그 말씀을 이해하고 싶어도 이해에 모자라고, 깨닫고 싶어도 사람의 노력으로 깨달을 수 없음을 인정합니다. 오늘, 오직 성령님께서 말씀으로 살아가도록 인도해주시옵소서.

"지혜에게 너는 내 누이라 하며"라고 축복해주셨습니다. ○○(이)에게 하나님의 말씀을 자신의 누이처럼 여기라 하심을 경험하게 하시옵소서. 하나님의 말씀을 대할 때, 하나님의 말씀에서 얻게 되는 지혜를 생명의 관계에서 경험하게 하시옵소서.

"명철에게 너는 내 친족이라 하라."라고 축복해주셨습니다. ○○(이)가 어떤 상황에서든지 그 상황을 바르고 분명하게 판단해서 대처하는 힘을 자기의 것으로 갖게 하시옵소서. 저희들이 친족처럼 가까운 사람을 또 어디에서 경험합니까? 저희 자녀가 오늘을 살아가면서 명철을 친족처럼 가깝게 여기도록 해주시옵소서.

하나님의 말씀에서 지혜를 구하고, 그 지혜로 말미암아 명철한 자가 되어 지내기를 소원하게 하시옵소서. 누이로 삼으며, 친족으로 여기라 하셨으니 저희 자녀에게 그 은총을 내려주시옵소서.

　　　　이어서 자녀의 상황에 따라 성령님께서 이끌어주시는 대로 빈다.

예수님의 이름으로 기도드립니다. 아멘

 잠 7:4을 소리를 내어 심장을 깨우듯이 읽으십시오.

10주차 5일

잠 7:8, 그가 거리를 지나 음녀의 골목모퉁이로 가까이 하여 그의 집 쪽으로 가는데

의로 이끌어 주시는 주여,

저희 자녀에게 오늘, 여호와께 어리석은 자가 되지 않게 하시옵소서. 그에게는 하나님의 사람으로 살아가야 할 오늘입니다. 그런데 무엇을 해야 할 지를 결정하지 못하고, 자신이 어떤 것들에 마음을 두어야 하는지를 몰라 이리저리 흔들리지 않게 하시옵소서.

사랑하는 ○○(이)가 오늘을 지낼 때, 하나님 앞에 있음을 주목하도록 성령님께 충만하기를 원합니다. 자신의 심령을 마귀에게 내어주어 스스로 유혹을 받지 않도록 막아주시옵소서. 성령님께서 그의 마음과 생각을 주장하셔서 어리석은 자로 지내지 않도록 하시옵소서.

하나님 앞에서, ○○(이)를 성도로 세워주시옵소서. 자기 자신을 유혹하는 것들로부터 멀리하게 하시며, 세상의 더러운 것들에서 구별하기를 사모하게 하시옵소서. 주님의 피로 깨끗함을 얻은 심령을 더러움에 내어주지 않도록 이끌어 주시옵소서.

○○(이)가 종일 지내면서, "음녀의 골목모퉁이로 가까이" 하지 않도록 악한 것은 그림자라도 밟지 않게 하시옵소서. 하나님께서 죄라고 가르쳐 주신 것들에 대해서는 눈도 주지 않도록 붙들어 주시옵소서.

　　　이어서 자녀의 상황에 따라 성령님께서 이끌어주시는 대로 빈다.

예수님의 이름으로 기도드립니다. 아멘

 잠 7:8을 소리를 내어 심장을 깨우듯이 읽으십시오.

10주차 6일

잠 7:16-17, 내 침상에는 요와 애굽의 무늬 있는 이불을 폈고 몰약과 침향과 계피를 뿌렸노라

우리 주 여호와여,
○○(이)에게 오늘을 하나님 앞에서 살아가는 거룩한 날로 삼게 하시옵소서. 여호와께 복 된 날의 삶으로 인도해주시옵소서. 저희 자녀를 향하신 하나님의 뜻을 깨닫고, 하나님께 드려지는 '산 제사'의 한 날로 오늘을 보내기를 원합니다.

그러나 사탄이 하나님의 영광을 훼손하기 위해서 저희 자녀를 도구로 삼을까 염려스럽습니다. 마귀가 하나님의 모습으로 가장하여 ○○(이)에게 가까이 올 때, 그 꼬임에 넘어가지 않도록 분별하게 하시옵소서. 마귀의 유혹을 물리치도록 도와주시옵소서.

저희 자녀가 종일을 지내는 중에, 성령님께 붙들려지기를 원합니다. 자신을 향하신 하나님의 뜻을 이루어드리기를 사모하게 하시옵소서. 그리하여 하나님께로부터 멀어지게 하는 행실에 주의하게 하시옵소서. 오늘, ○○(이)가 죄에 대하여 경계하며 지내는 것을 경험하게 하시옵소서. 죄를 지어서 그 두려움으로 하나님을 피하여 숨는 경우가 없도록 하시옵소서. 죄를 짓도록 달콤한 말로 꼬이는 마귀를 대적하게 하시옵소서. 그의 심령을 하나님께서 지켜주시옵소서.

    이어서 자녀의 상황에 따라 성령님께서 이끌어주시는 대로 빈다.

예수님의 이름으로 기도드립니다. 아멘

 잠 7:16-17을 소리를 내어 심장을 깨우듯이 읽으십시오.

10주차 7일

잠 7:25, 네 마음이 음녀의 길로 치우치지 말며 그 길에 미혹되지 말지어다

인생을 살피시는 하나님,

하나님께서 저희 자녀에게 마음을 주셔서 그 마음으로 하나님을 섬기게 하셨음에 감사드립니다. 사람이 마음으로 하나님을 찾는다는 것을 사탄도 알아, 죄가 공격해오는 곳이 마음이라는 것을 ○○(이)가 깨닫게 하시옵소서. 성령님께서 그의 마음을 지켜주시옵소서.

"음녀의 길로 치우치지 말며"라고 축복해주셨습니다. 하나님께서 저희 자녀를 복 되게 하사 죄인의 길에 서지 않도록 은혜를 내려주시옵소서. 죄에 대하여 한눈을 팔지 않도록 그의 마음을 지켜주시옵소서.

"그 길에 미혹되지 말지어다."라고 축복해주셨습니다. 여호와께 복 된 인생이 되도록 마귀의 유혹에 넘어가지 않도록 붙들어 주시옵소서. ○○(이)가 죄를 짓는 행동에 자신의 몸을 내어주지 않도록 막아주시옵소서. 그것이 좋게 여겨질지라도 거절하게 하시옵소서.

오늘을 지내면서 ○○(이)에게 죄를 거절하는 담대함을 경험하게 하시옵소서. 죄인의 길 끝에는 멸망이 기다리고 있음을 마음에 새기게 하시옵소서. 죄를 거절하여 하나님의 성품에 참여한 자로서 자기를 거룩하게 하는 훈련의 시간을 경험하도록 도와주시옵소서.

이어서 자녀의 상황에 따라 성령님께서 이끌어주시는 대로 빈다.

예수님의 이름으로 기도드립니다. 아멘

 잠 7:25을 소리를 내어 심장을 깨우듯이 읽으십시오.

11주차 1일

잠 8:17, 나를 사랑하는 자들이 나의 사랑을 입으며 나를 간절히 찾는 자가 나를 만날 것이니라

가까이 하시는 하나님,

저희 자녀에게 하나님을 사랑하는 날로 인도해주시옵소서. 오늘, ○○(이)가 혼자서 살아가도록 내버려두지 말아 주시옵소서. 성령님께서 감동해주셔서, 성령님의 인도하심에 반응을 하도록 도와주시옵소서. 저희 자녀가 악, 곧 죄가 되는 것들을 미워함으로써 여호와를 경외하는 삶을 하나님께 보여드리게 하시옵소서. 하나님 앞에서 교만하다거나 거만을 떤다든지 하는 악한 행실을 거절하게 하시옵소서. 성령님께서 그의 마음과 생각을 죄로부터 지켜주시옵소서.

하루를 지내는 중에, 자신에게 아는 것이 많다거나 슬기롭다고 자랑하지 말게 하시옵소서. 자신에 대하여 지혜로운 자라 여기지도 말게 하시옵소서. 자신의 지식은 하나님께로 말미암고, 자신의 지혜도 하나님께서 주셔야만 지혜롭다는 것을 인정하게 하시옵소서.

○○(이)에게 하나님을 사랑하는 것으로 한 날을 보내도록 해주시옵소서. 마음을 다하여, 뜻을 다하여, 목숨을 다하여 하나님을 사랑해드리는 한 날로 삼게 하시옵소서. 하나님께서 ○○(이)에게 지식이 되어 주시고, 지혜가 되어주셔야만 살아갈 수 있음을 믿습니다.

　　이어서 자녀의 상황에 따라 성령님께서 이끌어주시는 대로 빈다.

예수님의 이름으로 기도드립니다. 아멘

 잠 8:17을 소리를 내어 심장을 깨우듯이 읽으십시오.

11주차 2일

잠 8:21, 이는 나를 사랑하는 자가 재물을 얻어서 그 곳간에 채우게 하려 함이니라

영광으로 계시는 여호와여,
저희 자녀에게, 오늘은 하나님의 형상을 경험하는 한 날이 되도록 축복합니다. 하나님의 형상을 따라 지어주셨으니, 하나님의 성품을 닮아 살아가기를 사모하게 하시옵소서.
○○(이)에게 하나님의 자녀 된 신분을 회복시켜주셨음에 감사드립니다. 그에게 오늘, 한 날 동안에 하나님을 소원하게 하시옵소서. 하나님께서 아버지가 되어주셨으니, 아버지를 닮아가는 자녀가 되게 하시옵소서. 성령님께서 ○○(이)를 하나님의 인격체로 만들어주시옵소서.
저희 부부가 하나님의 사람으로 살아가기를 소원했던 것처럼, 그 은혜가 ○○(이)에게 임하기를 빕니다. 그리하여 어려서부터 배운 것들, 학교에서 배운 것들이 그의 생각과 행동을 선택하는 기준이 되지 않고, 오직 성령님의 인도하심에 자신을 맡기게 하시옵소서.
이로써 그가 살아가는 동안에, 하나님께서 공급해주심과 채워주심을 경험하게 하시옵소서. "나를 사랑하는 자가 재물을 얻어서"라고 축복해주셨습니다. 필요한 것을 주시는 하나님, 필요한 때에 누리게 하시는 하나님을 경험하게 하시옵소서.

　　　이어서 자녀의 상황에 따라 성령님께서 이끌어주시는 대로 빈다.
예수님의 이름으로 기도드립니다. 아멘

 잠 8:21을 소리를 내어 심장을 깨우듯이 읽으십시오.

11주차 3일

잠 8:23, 만세 전부터, 태초부터, 땅이 생기기 전부터 내가 세움을 받았나니

영원히 아버지이신 하나님,

하나님께서 이 세상을 지으시던 시간에, 저희 자녀를 세워주신 하나님께 찬양과 영광을 올려드립니다. 저희 부부는 ○○(이)를 만난 지 불과 얼마의 시간이었지만, 하나님께서는 세상을 지으시던 그 시간에서부터 저희 자녀를 하나님의 자녀로 삼아주셨음을 믿습니다.

이 놀라운 은혜를 ○○(이)가 믿게 하시옵소서. "만세 전부터, 태초부터, 땅이 생기기 전부터" ○○(이)는 여호와의 것이었습니다. 때가 되어서 그를 저희 부부가 만나게 해주셨음에 감사드립니다. 하나님의 소유된 자녀를 양육하는 은혜를 주셨음에 늘 감사하게 하시옵소서.

오늘, 사랑하는 ○○(이)가 하나님의 마음에 합한 사람이 되기를 소원하는 한 날이 되기를 원합니다. 하나님께서 올바르다 하시는 것에 언제나 서 있음을 경험하게 하시옵소서. 하나님께서 찾으시는 사람의 편에 있음을 경험하게 하시옵소서.

○○(이)에게 기름 부으심의 은혜에 들어가게 하시옵소서. 성령님께 충만하여 그의 입술로 하나님을 아버지라 고백하게 하시고, 하나님 앞에서 자녀로 살아드리게 하시옵소서.

　　　이어서 자녀의 상황에 따라 성령님께서 이끌어주시는 대로 빈다.

예수님의 이름으로 기도드립니다. 아멘

 잠 8:23을 소리를 내어 심장을 깨우듯이 읽으십시오.

11주차 4일

잠 8:35, 대저 나를 얻는 자는 생명을 얻고 여호와께 은총을 얻을 것임이니라

온 땅에 큰 왕이 되시는 하나님,
첫 사람 아담과 하와는 생명나무 앞에서 실패하였는데, ○○(이)에게 생명을 회복시켜주셨음을 믿습니다. 하나님의 자녀에게 주신 은혜이며, 특권이라 믿고, 저희 자녀가 감사함으로 지내게 하시옵소서. 그리하여 영생을 약속해주신 예수님께로 나아가게 하시옵소서.
저희 부부에게 하나님이 되어주셨던 것처럼, 저희 자녀에게도 하나님이 되어주심에 감사드립니다. 부모라 해도 저희가 줄 수 없었던 하나님을 ○○(이)에게 자기의 하나님으로 여기게 하셨습니다. 이로써 신앙의 물림을 경험하게 하시옵소서.
하나님 앞에서 살아가는 저희 자녀에게 약속해주신 영생을 간직하게 하시옵소서. 아담과 하와는 하나님께의 순종을 실패하였지만, 저희 자녀에게는 순종하도록 축복해주시옵소서. 순종하는 자에게 베푸시는 영원한 생명을 자기의 것으로 취하게 하시옵소서.
사랑하는 ○○(이)를 하나님의 소유된 자녀로 세워주시옵소서. 그에게 기름을 부으심이 있기를 빕니다. 하나님의 말씀과 그 말씀이 주는 지식을 자기의 것으로 삼아 살아가게 하시옵소서.

　　　이어서 자녀의 상황에 따라 성령님께서 이끌어주시는 대로 빈다.

예수님의 이름으로 기도드립니다. 아멘

 잠 8:35을 소리를 내어 심장을 깨우듯이 읽으십시오.

11주차 5일

잠 9:6, 어리석음을 버리고 생명을 얻으라 명철의 길을 행하라 하느니라

은혜를 베푸시는 주여,
"어리석음을 버리고"라고 축복해주셨습니다. ○○(이)가 하나님이 없이도 살아가려 했던 삶이 어리석었음을 인정하게 하시옵소서. 그리고 그 어리석음을 버리도록 성령님께서 강권해주시옵소서.
사실, 저희 자녀의 모든 시간이 하나님의 것임에도 불구하고, 하나님 앞에서 지내는 것을 잊지는 않았는지요? '하나님 앞에서의 삶'을 인식하지 못한 채로, 자신의 소견에 좋은 대로 지냈다면 회개하게 하시옵소서. 성령님의 깨닫게 하심에 따라 고백하게 하시옵소서.
○○(이)에게 회개의 증거로, 하나님께 주목하지 않고서도 아무렇지도 않았던 그 마음에서 떠나기를 원합니다. 하나님을 의식하지 않고서도 만족해하던 어리석음에서 떠나도록 하시옵소서. 자신의 어리석음을 버리고, 생명에 이르는 회개에로 이르게 하시옵소서.
성령님께서 저희 자녀에게 그의 교만함을 폭로해주시고, 하나님을 주목하지 않으면서도 아무렇지 않았던 죄를 질책하여 주시옵소서. 자신이 얼마나 죄인이었는가를 깨닫고, 그 죄에서 떠나도록 하시옵소서.
오늘, 저희 자녀를 위하여 준비해주신 명철을 받게 하시옵소서. 하나님의 은혜로 생명의 삶을 누리게 하시옵소서.

　　　이어서 자녀의 상황에 따라 성령님께서 이끌어주시는 대로 빈다.

예수님의 이름으로 기도드립니다. 아멘

 잠 9:6을 소리를 내어 심장을 깨우듯이 읽으십시오.

11주차 6일

잠 9:7, 거만한 자를 징계하는 자는 도리어 능욕을 받고 악인을 책망하는 자는 도리어 흠이 잡히느니라

이스라엘의 여호와 하나님,

저희 자녀에게 새 날을 맞이하게 하시고, 여호와께 복 된 인생이 되기를 소망하게 하시니 감사드립니다. 저희 부부가 아침이 되면 하나님의 은혜에 소망을 두었듯이, 그에게도 하나님께서 소망이 되어주심을 믿습니다.

○○(이)에게 오늘, 두 가지를 자신의 인격에 지니도록 도와주시옵소서. 오늘을 지내면서 자신의 잘못에 대한 징계와 책망을 달게 받게 해주시옵소서. 그것이 자기를 위한 징계이며, 자기를 사랑하는 책망으로 여겨 감사하게 하시옵소서.

자신을 설득하고, 자신의 어리석음을 바로 잡아주려는 모든 것들을 감사함으로 받아들이게 하시옵소서. 거만하여 지혜의 교훈을 멸시한다거나 불쾌한 자세로 거절하지 않게 하시옵소서. 그 징계가 당시에는 힘들지라도 하나님의 선물로 받아들이게 하시옵소서.

○○(이)를 위하여 책망하는 말을 듣게 하셨음에 감사하게 하시옵소서. 사람을 보내 자신을 책망하시는 하나님의 음성으로 받게 하시옵소서. 그리하여 자신의 과실을 고치게 하시옵소서.

　　　이어서 자녀의 상황에 따라 성령님께서 이끌어주시는 대로 빈다.

예수님의 이름으로 기도드립니다. 아멘

 잠 9:7을 소리를 내어 심장을 깨우듯이 읽으십시오.

11주차 7일

잠 9:9, 지혜 있는 자에게 교훈을 더하라 그가 더욱 지혜로워질 것이요 의로운 사람을 가르치라 그의 학식이 더하리라

하나님 여호와여,

오늘, 저희 자녀가 여호와께 복 되기를 소망합니다. 어제도 함께 해주신 하나님의 은총을, 오늘에도 ○○(이)에게 내려주시옵소서. 그 은혜로 하나님의 자녀로 세워지게 하시옵소서.

저희 자녀가 하나님 앞에서 지혜로운 자라 인정을 받게 하시옵소서. 성령님께서 권면하시는 목소리를 그에게 듣게 하셨습니다. 가정에서는 부모에게서 듣기를 좋아하고, 교회에서는 어른들로부터 자기를 권면해주시는 말씀에 귀를 기울이게 하시옵소서.

아울러, 오늘을 지내면서 ○○(이)가 하나님 앞에서 의로운 자라 인정을 받게 하시옵소서. 저희 부부로부터 하나님을 사랑하는 것을 배우게 하시며, 교회에서는 대대로 전수되어 온 신앙을 물려받기를 즐거워하게 하시옵소서. 하나님을 사모하게 하시옵소서.

저희 자녀를 온전함에 이르도록 하시기 위하여 교훈과 가르침을 받게 하셨습니다. 배움과 물려받음으로 말미암아 자기를 하나님께 세워나가는데 부족하지 않게 하시옵소서. 이로써 부모에게는 즐거운 자녀가 되고, 교회에서는 성도들에게 자랑이 되는 자녀가 되게 하시옵소서.

　　　　이어서 자녀의 상황에 따라 성령님께서 이끌어주시는 대로 빈다.

예수님의 이름으로 기도드립니다. 아멘

 잠 9:9을 소리를 내어 심장을 깨우듯이 읽으십시오.

12주차 1일

잠 9:10, 여호와를 경외하는 것이 지혜의 근본이요 거룩하신 자를 아는 것이 명철이니라

의로운 일을 좋아하시는 하나님,
오늘, 저희 가정이 하나님께 찬미의 제사를 드리는 제단이 되기를 원합니다. ○○(이)가 자신의 일과 중에 틈틈이 여호와를 묵상하게 하시고, 성령님께서 그의 마음을 여셔서 찬송을 드리게 하시옵소서.
저희 자녀에게 기름 부으심이 있기를 축복합니다. 오늘, 한 날을 지내면서 그가 하나님의 거룩하심을 확증하게 하시옵소서. 그리고 자신의 거룩함을 사모하게 하시옵소서. 성령님의 인도에 자신을 맡겨 여호와께 거룩한 백성으로 사는 한 날을 바라보게 하시옵소서.
듣고, 배워서 아는 것이 늘어날 때마다 하나님께 가까이 이르게 하시옵소서. 아는 것이 깊어질수록 하나님께 풍성해지는 것을 경험하기를 원합니다. 지식이 쌓여가는 것이 ○○(이)에게 그만큼 하나님을 가까이 하는 것과 동일하게 되는 경험으로 이끌어주시옵소서.
살아간다는 삶의 의미가 하나님을 사랑함이 되게 하시옵소서. 하나님을 가까이 하며, 그 가까이함이 자신의 삶에서 더욱 풍성해지기를 사모하게 하시옵소서. 교회에서 경험되는 은혜로 말미암아 하나님께로 더 나아가는 삶이 되게 하시옵소서.

　　　이어서 자녀의 상황에 따라 성령님께서 이끌어주시는 대로 빈다.
예수님의 이름으로 기도드립니다. 아멘

 잠 9:10을 소리를 내어 심장을 깨우듯이 읽으십시오.

12주차 2일

잠 9:16-17, 어리석은 자는 이리로 돌이키라 또 지혜 없는 자에게 이르기를 도둑질한 물이 달고 몰래 먹는 떡이 맛이 있다 하는도다

붙들어 주시는 하나님,

또 다시 해가 떠오르고, 새 날을 맞이하면서 ○○(이)를 축복합니다. 저희 자녀에게 오늘은 하나님을 주목하는 시간이 되게 하시옵소서. 성령님께서 그의 마음과 생각 그리고 행동을 다스려 주시옵소서.

오늘, 저희 자녀에게 어리석은 자가 되지 않도록 깨닫게 하시옵소서. 또한 지혜 없는 자가 되지 않도록 깨닫게 하시옵소서. 이 두 가지의 제목으로 ○○(이)를 위하여 빌게 하시니 감사드립니다. 주님의 보혈로 죄를 씻음 받고, 의롭다 인정을 받았으니 자신을 지키게 하시옵소서. 저희 자녀가 죄가 흥미롭게 여겨져 자신을 넘겨주지 않게 하시옵소서. 다른 사람들의 눈을 피하여 즐기는 죄의 달콤함에 영혼을 팔지 않게 하시옵소서. 숨어서 하는 것에 대한 유혹에 속지 않게 하시옵소서. ○○(이)에게 더러운 것에 자기를 맡기지 않도록 막아주시옵소서. 죄는 언제나 더러운 습관을 붙게 하고, 그것을 다시 해보고 싶어 하는 유혹에 넘어간다는 것을 잊지 않게 하시옵소서. 그리고 사람에게는 숨어도 하나님을 숨을 수 없다는 것을 기억하도록 도와주시옵소서.

    이어서 자녀의 상황에 따라 성령님께서 이끌어주시는 대로 빈다.

예수님의 이름으로 기도드립니다. 아멘

 잠 9:16-17을 소리를 내어 심장을 깨우듯이 읽으십시오.

12주차 3일

잠 9:18, 오직 그 어리석은 자는 죽은 자들이 거기 있는 것과 그의 객들이 스올 깊은 곳에 있는 것을 알지 못하느니라

주의 백성 이스라엘의 여호와여,
이른 아침에 깨워주시고, 살게 해주셨으니 저희 가정에 복입니다. 오늘, 저희를 위하시는 하나님의 은혜를 기다리게 하시옵소서. 저희 가정이 축복의 통로가 되어 부모와 자녀 모두에게 복 있는 사람의 한 날로 지내게 하시옵소서.
그 은총으로 말미암아 저희 자녀가 어리석은 자가 되지 않게 하시옵소서. ○○(이)가 여호와께 어리석어서 육적인 생명은 유지하고 있지만, 이미 영적으로는 사망에 이른 자가 되지 않기를 빕니다. 오직 성령님께 충만하여 하나님의 영에 이끌림을 받게 하시옵소서.
하나님의 자녀로 인정을 받지 못하고, 하늘의 영광을 누리지 못하는 비참함에 이르지 않도록 도와주시옵소서. 영적으로 파탄을 경험해서 그의 삶이 음부에 처해진 것과 같은 처지가 되지 않게 하시옵소서.
지옥이 어디입니까? 바로 하나님과 함께 하지 못하는 곳이 지옥이라 믿습니다. 하나님께로부터 거절된 삶을 사는 것이 음부의 생활이라 깨닫습니다. 저희 자녀가 지옥에 이르지 않도록 붙들어 주시옵소서. 하루를 지낼 때, 성령님께서 ○○(이)의 영혼을 지켜 주시옵소서.

　　　이어서 자녀의 상황에 따라 성령님께서 이끌어주시는 대로 빈다.

예수님의 이름으로 기도드립니다. 아멘

 잠 9:18을 소리를 내어 심장을 깨우듯이 읽으십시오.

12주차 4일

잠 10:1, 솔로몬의 잠언이라 지혜로운 아들은 아비를 기쁘게 하거니와 미련한 아들은 어미의 근심이니라

행동을 달아 보시는 하나님,
여호와께 복된 백성으로 살고자 하는 계획을 세우게 하시옵소서. 세상의 권세를 잡고 있는 마귀는 오늘도 저희 가정에 참소하여 망치려 할 것입니다. 저희 부부와 자녀에게 마귀를 대적하게 하시옵소서.
"지혜로운 아들"이 되라 하시는 말씀에 ○○(이)가 귀를 기울이게 하시옵소서. 오늘, 종일을 지내면서 하나님을 사랑하게 하시옵소서. 성령님께서 그의 심령에 강권하사 오직 말씀에 순종하여 지내도록 도와주시옵소서. 하나님께 자신의 심령을 내어드리게 하시옵소서.
"미련한 아들"이 되지 말라 하시는 말씀을 가볍게 여기지 않게 하시옵소서. ○○(이)가 잠시라도 하나님의 말씀에서 떠나 자기의 생각에 따르지 않게 하시옵소서. 마귀가 참소하지 않도록 그의 심령에 성령님의 빗장을 걸어주시옵소서.
성령님께서 그의 마음과 생각을 다스려서 하나님의 뜻을 이루어드림에 골몰하게 하시옵소서. 하나님의 뜻을 멀리함이 죄로 연결된다는 것에 주의하게 하시옵소서. 하나님을 사랑하는 것으로 오늘, 한 날을 지내도록 저희 자녀의 가슴을 뜨겁게 하시옵소시.

　　　이어서 자녀의 상황에 따라 성령님께서 이끌어주시는 대로 빈다.
예수님의 이름으로 기도드립니다. 아멘

 잠 10:1을 소리를 내어 심장을 깨우듯이 읽으십시오.

12주차 5일

잠 10:2, 불의의 재물은 무익하여도 공의는 죽음에서 건지느니라

오늘도 함께 하시는 주여,
아침이 열리는 시각에 저희들을 잠에서 깨워주심은 은혜였습니다. 새 날을 지으신 하나님의 뜻에 따라, 오늘도 살아드리게 하시옵소서. 저희들의 삶이 하나님의 창조에 대한 반응이 되게 하시옵소서.
오늘, 저희 가정이 하나님께서 보실 때, 좋아하시기를 빕니다. 이로써 저희 자녀를 위하여 주시는 말씀, '불의의 재물과 공의'를 묵상하게 하시옵소서. 어려서부터 불의는 거절하고, 공의를 선택하는 습관을 자기의 것으로 삼도록 이끌어주시옵소서.
"불의의 재물은 무익하여도"라고 가르쳐주셨습니다. 부정하게 획득한 재물은 하나님 앞에서 ○○(이)에게 복이 되지 않는다는 사실을 깨닫게 하시옵소서. 하나님의 뜻에 합당하지 않은 것은 거절하게 하시옵소서. 그것에 마음을 빼앗겨 영혼을 잃지 않도록 도와주시옵소서.
"공의는 죽음에서 건지느니라"라고 약속해주셨습니다. 저희 자녀가 이익을 취하게 될 때, 그것이 하나님께서 인정하시는 열매이어야 한다는 것을 배우게 하시옵소서. 하나님께 합당하지 않은 것들은 기대하지 않도록 성령님께서 ○○(이)의 마음과 생각을 주장해주시옵소서.

    이어서 자녀의 상황에 따라 성령님께서 이끌어주시는 대로 빈다.
예수님의 이름으로 기도드립니다. 아멘

 잠 10:2을 소리를 내어 심장을 깨우듯이 읽으십시오.

12주차 6일

잠 10:3, 여호와께서 의인의 영혼은 주리지 않게 하시나 악인의 소욕은 물리치시느니라

사람의 중심을 보시는 하나님,

새 날을 살도록 아침을 주셨으니 하나님의 이름을 찬미하는 것으로 하루를 시작하게 하시옵소서. 저희 가정에서 들려오는 첫 소리가 하나님의 이름을 부름이어서 감사드립니다. 오늘, 저희 부부와 자녀 모두 하나님께 영광이 되는 삶을 선택하여 지내게 하시옵소서.

저희 자녀에게 복을 약속하사, "의인의 영혼은 주리지 않게"라고 축복해주셨습니다. ○○(이)를 여호와께 의로운 자로 세워주시옵소서. 그리하여 하나님께 인정을 받은 의로 말미암아 은혜를 받는 자리로 이르도록 이끌어주시옵소서. 결핍된 것이 없이 풍요를 누리게 하시옵소서. ○○(이)가 오늘을 지내는 중에, "악인의 소욕은 물리치시느니라."는 말씀을 엄히 듣게 하시옵소서. 자신의 인생이 하나님께서 밀고, 내던져서 쫓아버리시는 경우에 이르지 않도록 주의하게 하시옵소서. 여호와께 저주의 대상이 되는 처지에 이르지 않게 하시옵소서.

저희 자녀에게 부모의 하나님을 자기의 하나님으로 찾고, 부르도록 은혜를 더하시옵소서. 저희 부부가 하나님께 온전하기를 사모하듯이 사랑하는 ○○(이)에게도 하나님을 소원으로 삼게 하시옵소서.

이어서 자녀의 상황에 따라 성령님께서 이끌어주시는 대로 빈다.

예수님의 이름으로 기도드립니다. 아멘

 잠 10:3을 소리를 내어 심장을 깨우듯이 읽으십시오.

12주차 7일

잠 10:5, 여름에 거두는 자는 지혜로운 아들이나 추수 때에 자는 자는 부끄러움을 끼치는 아들이니라

홀로 주가 되시는 여호와여,
저희 가정을 예배하는 가정으로 받아주시니 감사드립니다. 오늘도 저희들의 첫 마디는 하나님의 이름을 불러드리는 것이어서 영광을 바칩니다. 저희 부부에게 먼저, 예배의 단을 쌓게 하시고, ○○(이)에게도 하나님을 경외하는 마음을 주시옵소서.

주님께서 세상에 계시던 동안에 하나님의 시간에 주목하셨던 것처럼, ○○(이)에게 하나님의 시간을 주목하게 하시기를 원합니다. 그리하여 때에 알맞게 사는 지혜로운 자로 이끌어 주시옵소서. 때를 놓쳐서 해야 할 것을 못하는 어리석은 자가 되지 않도록 도와주시옵소서.

추수 때에 자지 말아야 한다는 말씀을 새겨두게 하시옵소서. 때를 분별해서 어떻게 해야 될 지를 선택하도록 하시옵소서. 일을 하는 시간에는 부지런하여 일을 할 수 없는 시간에 대비하게 하시옵소서.

저희 자녀가 하나님 앞에서 오늘을 지낼 때, 시간이 갖고 있는 의미를 깨달아 살아가게 하시옵소서. 하나님께서 때를 만드시고, 그 때에 따라서 일을 하셨습니다. 성령님께서 ○○(이)에게 하나님의 시간을 소홀히 여기지 않게 하시옵소서.

　　　이어서 자녀의 상황에 따라 성령님께서 이끌어주시는 대로 빈다.

예수님의 이름으로 기도드립니다. 아멘

 잠 10:5을 소리를 내어 심장을 깨우듯이 읽으십시오.

13주차 1일

잠 10:6, 의인의 머리에는 복이 임하나 악인의 입은 독을 머금었느니라

인생에게 응답이 되어 주시는 하나님,
오늘, 하루를 시작하기 전에, 저희 가정이 하나님께 영광을 드리기를 소원하게 하셨습니다. 구약의 백성들이 아침의 소제를 올렸던 것처럼 여호와께 저희 가정을 구별해드리게 하시옵소서.
저희 부부가 가정에서 축복의 통로가 되어야 하는 사명을 깨닫기를 원합니다. 자녀에게 복이 임하기를 소원하면서 먼저, 저희가 하나님 앞에서 복이 되어야 한다는 것을 새롭게 하여 주시옵소서. 그래서 자녀에게 신앙의 영향을 끼치는 부모가 되는 은혜를 내려주시옵소서.
오늘, 저희 자녀가 선택의 은혜를 경험하도록 이끌어 주시기를 원합니다. 의인의 길과 악인의 길에서 의인의 삶을 선택하게 하시옵소서. 그 길을 가는 사람이 아무도 없을 지라도 의인의 길로 나아가게 하시옵소서. "악인의 입은 독을 머금었다"고 하셨으니 참으로 두렵습니다. ○○(이)가 하나님 앞에서 악인이라는 평가를 받지 않기를 소원합니다. 그의 마음과 생각이 의롭다 인정을 받게 하시옵소서. 머리에서 발 끝까지 복으로 덮여 있는 하루가 되게 하시옵소서. 종일을 지내며 의인으로 살아가도록 오늘을 축복해주시옵소서.
　　　　이어서 자녀의 상황에 따라 성령님께서 이끌어주시는 대로 빈다.
예수님의 이름으로 기도드립니다. 아멘

 잠 10:6을 소리를 내어 심장을 깨우듯이 읽으십시오.

13주차 2일

잠 10:9, 바른 길로 행하는 자는 걸음이 평안하려니와 굽은 길로 행하는 자는 드러나리라

우리를 위하여 싸우시는 하나님,
우리의 삶이 매순간마다 선택으로 결정되고, 지금까지 복이 되게 하셨습니다. 오늘, 저희 가정이 하나님 앞에서 세워지도록 저희들에게 선택을 축복해주시옵소서. 하나님의 영이 ○○(이)에게 충만하여 복된 한 날로 지내게 하시옵소서.
오늘을 지내면서 저희 자녀에게 자신의 삶이 평안하기를 구하게 하시옵소서. ○○(이)로 말미암아 그의 주변에도 평안을 끼치게 하시옵소서. 그가 말과 행실로 말미암아 하나님 앞에서 바른 길을 가도록 인도해주시옵소서. 저희 자녀가 원하는 것과 행실이 똑같게 하시옵소서.
이로써 하나님께 대한 온전한 순종을 경험하게 하시옵소서. 하나님의 뜻에 생각을 고정시키고, 자기에게 불리하거나 손해가 될지라도 여호와께 순종을 드리게 하시옵소서. 그리고 ○○(이)에게 자신의 순종을 사용하셔서 일하시는 하나님을 기다리게 하시옵소서.
"굽은 길로 행하는 자는 드러나리라."고 하셨습니다. 자신의 더러운 행동을 감추려 해도, 하나님께서 드러나게 하십니다. 굽은 길로 행하는 것을 두려워하며, 오직 하나님께 바르기를 사모하게 하시옵소서.
    이어서 자녀의 상황에 따라 성령님께서 이끌어주시는 대로 빈다.
예수님의 이름으로 기도드립니다. 아멘

 잠 10:9을 소리를 내어 심장을 깨우듯이 읽으십시오.

13주차 3일

잠 10:11, 의인의 입은 생명의 샘이라도 악인의 입은 독을 머금었느니라

우리를 돌아보시는 주여

저희 가정을 하나님의 청지기로 세워주셨음에 감사드립니다. 오늘, 생명의 샘으로 축복해주신 하나님께 영광을 드리게 하시옵소서. 여호와께 복된 자녀가 되게 하시옵소서.

이 한 날을 지내는 동안에, ㅇㅇ(이)에게 생명의 물이 거룩한 곳, 성소로부터 흘러나와 모든 것들에게 생명의 기운을 불어넣어 주시는 은혜를 경험하게 하시옵소서. 하나님 앞에서 거룩한 날로 지켜드리게 하시옵소서. 그 삶이 바로 천국이라는 것을 믿습니다.

사랑하는 저희 자녀에게 하나님이 계시지 않은 삶을 살지 않게 하시옵소서. 하나님께서 계시지 않는 그 삶이 지옥이라는 것을 깨닫게 해주시기를 원합니다. 하나님을 느끼지 못하고, 하나님과 동행하지 않는 삶이 바로 지옥이라는 사실을 기억하게 하시옵소서.

저희 부부가 늘 하나님을 대하듯이 지냈던 신전의식을 ㅇㅇ(이)에게도 갖게 해주시옵소서. 부모의 신앙을 자녀에게 물려주는 거룩한 가정으로 만들어 주시옵소서. 그가 하나님께 주목하고, 하나님 앞에서 지낼 때, 외로움도 사라지고, 든든하게 하루를 보낼 줄로 믿습니다. 순간, 순간에 하늘로부터 임하는 은혜를 기다리도록 이끌어주시옵소서.

   이어서 자녀의 상황에 따라 성령님께서 이끌어주시는 대로 빈다.

예수님의 이름으로 기도드립니다. 아멘

 잠 10:11을 소리를 내어 심장을 깨우듯이 읽으십시오.

13주차 4일

잠 10:15, 부자의 재물은 그의 견고한 성이요 가난한 자의 궁핍은 그의 멸망이니라

복을 주시는 하나님,

세상을 지으시고, 인간에게 번성하라고 축복하신 하나님을 묵상합니다. 저희 가정에도 부요를 축복하셨으니 땀을 흘려 일하여 번성함을 소원하게 하시옵소서. 재물에 부정적이지 않도록 하시옵소서.

오늘, ○○(이)에게 재물에 대한 하나님의 두 말씀을 기억하게 하시옵소서. 부자의 재물과 가난한 자의 궁핍입니다. 재물 자체는 우리를 위하시는 하나님의 축복이라 받아들이게 하시옵소서.

"부자의 재물은 그의 견고한 성"이라 하셨습니다. 하나님 앞에서 성실하여 재물을 취해야겠다는 생각을 갖게 하시옵소서. 그 재물로 하나님께 영광을 드리기 위해서 드리겠다는 마음도 갖게 하시옵소서. 아울러 도와야 될 가난한 이들을 섬기겠다는 결단을 하게 하시옵소서.

"가난한 자의 궁핍은 그의 멸망"이라 하셨습니다. 게을러서 재물을 취하지 못하여 가난해지지 않도록 주의하게 하시옵소서. 게으름은 하나님께 합당한 것이 아니라는 사실을 잊지 않게 하시옵소서.

우리에게는 가난한 자들을 보살펴주어야 될 사명이 있음을 깨닫게 하시옵소서. 하나님께 재물의 청지기로 살아야 함을 깨닫게 하시옵소서.

이어서 자녀의 상황에 따라 성령님께서 이끌어주시는 대로 빈다.

예수님의 이름으로 기도드립니다. 아멘

 잠 10:15을 소리를 내어 심장을 깨우듯이 읽으십시오.

13주차 5일

잠 10:16, 의인의 수고는 생명에 이르고 악인의 소득은 죄에 이르느니라

얼굴을 우리에게 비추시는 하나님,
저희 가정을 성소로 삼아주셨음에 감사드립니다. 오늘, 저희 자녀의 영혼을 위하여 두 개의 낱말을 주셨음에 감사드립니다. "의인의 수고"와 "악인의 소득"을 마음의 판에 새기게 하시옵소서. 그가 하나님 앞에서 평생을 살아가는 동안에 기억되는 말씀으로 인도해주시옵소서.
"의인의 수고는 생명에 이르고"라고 축복해주셨습니다. ○○(이)가 자기를 위하여 일을 하고, 소득을 생각할 때, 소득보다도 그 자신이 하나님께 드려지기를 구하게 하시옵소서. 먼저, 자신이 의인이 되어 있어야 함을 목숨처럼 귀하게 여기게 하시옵소서.
"악인의 소득은 죄에 이르느니라."라고 경고해주셨습니다. ○○(이)가 자기를 위하여 소득을 생각하기 전에 그것이 악인의 소득이 되지 않기를 구하게 하시옵소서. 만일, 악인의 소득이라면 그것이 하나님께 죄가 되어 심판을 받고야 만다는 것을 잊지 않게 하시옵소서.
종일을 지내면서, 자신이 얻게 되는 이익보다 하나님께 의인으로 살겠다는 결단이 계속되게 하시옵소서. 의인을 기뻐하시고, 의인과 함께 하시는 하나님을 주목하며 하루를 살아가도록 도와주시옵소서.

　　　이어서 자녀의 상황에 따라 성령님께서 이끌어주시는 대로 빈다.
예수님의 이름으로 기도드립니다. 아멘

 잠 10:16을 소리를 내어 심장을 깨우듯이 읽으십시오.

13주차 6일

잠 10:18, 미움을 감추는 자는 거짓된 입술을 가진 자요 중상하는 자는 미련한 자이니라

귀를 기울여 들으시는 여호와여,
아침의 해가 저희 가정에 들어오는 것처럼, 하나님의 은혜로 하루를 시작하게 하시옵소서. 성령님께서 저희 부부와 자녀의 심령에 가득 채워지도록 들어오시옵소서. 성령님으로 가슴이 뜨거워져서 하나님께 예배하는 심정으로 오늘을 살게 하시옵소서.
○○(이)가 이웃을 대하여 자신의 감정을 감추고, 좋게 보이려 행동하지 않기를 원합니다. 겉으로 보여 지는 행동으로 이웃에게 속이지 않게 하시옵소서. 좋아하는 척, 사랑하는 척, 친절한 척하지 않게 하시옵소서. 잠깐 사람은 속일 수 있어도 하나님께 두려워하게 하시옵소서.
나아가 저희 자녀가 이웃에 대하여 남들에게 거짓말을 하지 않도록 하시옵소서. 정직함의 영으로 충만하게 하사 거짓을 멀리하고, 남을 해롭게 하는 말은 거절하게 하시옵소서. 이웃에 대한 상한 감정으로 말미암아 남에게 중상모략을 하지 않도록 막아주시옵소서.
오늘, 저희 부부나 자녀에게 사랑으로 이웃에게 나아가게 하시옵소서. 주님께서 우리를 사랑하셨듯이 이웃을 사랑하기 원합니다. 이웃을 내 몸과 같이 사랑하라는 말씀의 실천이 되게 하시옵소서.

　　이어서 자녀의 상황에 따라 성령님께서 이끌어주시는 대로 빈다.
예수님의 이름으로 기도드립니다. 아멘

 잠 10:18을 소리를 내어 심장을 깨우듯이 읽으십시오.

13주차 7일

잠 10:19. 말이 많으면 허물을 면하기 어려우나 그 입술을 제어하는 자는 지혜가 있느니라

저희 가정을 살피시는 주여,

오늘도 저희 가정을 받아주시고, 거룩한 날로 삼게 하시옵소서. 4월의 첫날에 자녀를 위하여 축복합니다. 저희 자녀의 언어를 축복합니다.

오늘, 사랑하는 저희 자녀에게 혀에 대한 청지기로 성실하게 하시옵소서. 하나님의 영광을 위하여, 하나님의 나라를 위하여 사용하라고 주신 혀를 거룩하게 하시옵소서.

예수님께서 말씀으로 사람들을 위로하시고, 질병을 고쳐주셨던 은혜가 ○○(이)의 혀에서 경험되기를 원합니다. 그리하여 생명을 살리고, 연약한 자들에게는 위로가 되며, 다른 사람을 세워주는 말을 하게 하시옵소서. 성령님께서 그의 혀와 입술을 주장해주시옵소서.

오늘을 지내는 중에, 말로 자신의 허물을 드러내지 않도록 하시옵소서. 말이 많지 않도록 주의를 주신 하나님의 뜻을 깨닫게 하시옵소서. 그의 말들이 무분별하다거나 진실하지 못하며, 천박하지 않도록 도와주시옵소서. 그의 혀를 복되게 하사 말에 지혜롭게 하시옵소서.

저희 자녀의 입술을 제어하여 하나님께 영광이 되고, 자신에게는 유익하도록 이끌어 주시옵소서.

  이어서 자녀의 상황에 따라 성령님께서 이끌어주시는 대로 빈다.

예수님의 이름으로 기도드립니다. 아멘

 잠 10:19을 소리를 내어 심장을 깨우듯이 읽으십시오.

14주차 1일

잠 10:26, 게으른 자는 그 부리는 사람에게 마치 이에 식초 같고 눈에 연기 같으니라

얼굴을 우리에게로 향하시는 하나님,
저희 가정을 불쌍히 여겨주시옵소서. 악을 쓰고 덤비던 ○○(이)에게서 저희 자녀의 사랑스런 모습이 사라졌던 어제는 결코 잊지 못할 겁니다. 자녀를 축복해오는 시간에 회의를 품게 했던 ○○(이)의 분노는 저희 부부에게 부모에 대한 좌절을 맛보게 하였습니다.
그러나 분노의 영이 그를 지배하여 ○○(이)를 노략거리로 삼았다는 것을 알게 되었습니다. 사탄이 우리 가족의 화평을 깨뜨리려 했음을 뒤늦게라도 알게 해주신 하나님께 감사드립니다.
이 한 날의 시간을 지내면서, 저희 자녀가 경험하게 되는 이웃들에게 하나님의 손길이 되게 하시옵소서. 저희 자녀를 신뢰하고 다가온 그들에게 낙심을 주는 경우가 일어나지 않게 하시옵소서. 이웃과의 관계에서 결코 손해를 끼치는 사람이 되지 않게 하시옵소서.
○○(이)에게 오늘, 한 날이 게으르지 않았음을 보람으로 여기게 하시옵소서. 하나님께서 그에게 맡겨주신 시간의 의미를 깨닫게 하시옵소서. 오직 성령님의 강권하심으로 하루를 지내, 오늘 때문에 저희 자녀의 삶이 복되게 해주시옵소서.

이어서 자녀의 상황에 따라 성령님께서 이끌어주시는 대로 빈다.

예수님의 이름으로 기도드립니다. 아멘

 잠 10:26을 소리를 내어 심장을 깨우듯이 읽으십시오.

14주차 2일

잠 11:1, 속이는 저울은 여호와께서 미워하시나 공평한 추는 그가 기뻐하시느니라

저희를 기다려주시는 하나님,
오늘, 이웃과 더불어 지내게 되는 한 날에, 하나님의 간섭해주심을 기대합니다. 이웃을 사랑하며 보호하시는 하나님의 의도에 순종하여 이웃에게 정직하고, 사사롭게 이익을 구하려 하지 않게 하시옵소서.
"속이는 저울은 여호와께서 미워하신"다고 주의를 주셨습니다. 이익을 얻으려고 남을 속이지 않는 ○○(이)를 보게 하시옵소서. 이웃과의 관계에서 늘 한결 같기를 지키게 하시옵소서. 남에게 손해를 끼치고, 자기의 이익을 얻으려 하지 않도록 성령님께서 붙들어주시옵소서.
공평한 추를 하나님께서 기뻐하신다고 하셨습니다. 사람에 따라 일관되지 않은 행동으로 대하지 않게 하시옵소서. 하나님께서 저희 자녀에게 정직하게 대하시는 것처럼 ○○(이)도 모든 일에, 정직하게 하시옵소서. 금방 탄로 나는 거짓말로 남을 속이려 들지 말게 하시옵소서.
저희 자녀가 자신의 마음과 생각을 먼저, 하나님께 드림이 되게 하시며, 이웃에게 거짓된 행동으로 다가가 남을 속이지 않도록 막아주시옵소서. 혹시 자신에게 손해가 된다 할지라도, 하나님께 드리듯이 이웃에게 정직하게 하시옵소서.

    이어서 자녀의 상황에 따라 성령님께서 이끌어주시는 대로 빈다.
예수님의 이름으로 기도드립니다. 아멘

 잠 11:1을 소리를 내어 심장을 깨우듯이 읽으십시오.

14주차 3일

잠 11:2, 교만이 오면 욕도 오거니와 겸손한 자에게는 지혜가 있느니라

복에 복이 되시는 여호와여,
하나님께서 사랑하시는 이웃을 존귀하게 여기는 한 날의 삶을 경험하게 하시옵소서. 오늘, 저희 자녀가 교만을 탐하도록 하는 마귀의 유혹에 빠지지 않도록 붙들어 주시옵소서. 자기를 남들보다 높여 마귀에게 틈을 내어주지 않도록 하시옵소서.

자기를 으스대고 싶어 하는 마음을 거절하여 평안을 누리는 한 날을 경험하게 하시옵소서. 성령님께서 ○○(이)의 마음을 주장하셔서 예수님의 겸손을 사모하는 마음을 바라도록 하시옵소서. 주님을 닮아 자기를 낮추어 하나님의 뜻을 이루어드리기를 소원하게 하시옵소서.

세상의 사람들에게 빛이 되고, 소금이 되는 하루가 되도록 도와주시옵소서. ○○(이)가 교만하여 마귀가 그를 붙잡아 그의 마음을 악한 생각으로 채울까 염려스럽습니다. 남들에게서 자기를 낮추라는 주님의 말씀에서 떠나 이웃에게 거짓된 행동을 할까 염려스럽습니다.

교만의 영이 그의 마음에 기웃거릴 때, 주님께서 십자가에 달려 흘리신 보혈을 그의 심령에 바르게 하시옵소서. 남들보다 자신이 낫다고 여겨지는 생각을 주님의 이름으로 물리치게 하시옵소서.

　　　이어서 자녀의 상황에 따라 성령님께서 이끌어주시는 대로 빈다.
예수님의 이름으로 기도드립니다. 아멘

 잠 11:2을 소리를 내어 심장을 깨우듯이 읽으십시오.

14주차 4일

잠 11:3, 정직한 자의 성실은 자기를 인도하거니와 사악한 자의 패역은 자기를 망하게 하느니라

높은 곳으로 다니게 해주시는 하나님,

오늘을 저희에게 거저 주셨으니, 이 날에 생명의 삶을 누리기 원합니다. 하나님의 백성으로 살아가기를 원하시는 그 뜻에 주목하여 지내게 하시옵소서. 가정을 성소로 하나님께 구별해드리고, 식구들은 영적인 군사가 되게 하시옵소서.

저희 자녀에게 죄의 본성에 대하여 언제나 민감하게 하시옵소서. 오늘도 주님의 피를 그의 심령에 바르게 하시옵소서. 마음과 생각에 주님의 보혈을 적셔주시옵소서. 사탄이 ○○(이)를 쓰러뜨리려고 죄의 본성을 자극하려 할 때, 갈보리의 십자가로 물리치게 하시옵소서.

이웃을 주시고, 그들과 더불어 지내게 하셨음에 감사드립니다. 오늘도 여러 사람들을 대하게 될 때, 그들과의 관계를 섬김으로 맺게 하시옵소서. ○○(이)가 이웃을 진심으로 대하며, 사랑으로 섬겨야 하는 이웃에게 자신의 마음을 감추는 사악함으로 대하지 않게 하시옵소서.

하나님께서 동행해주시지 않는 삶, 그것이 바로 지옥이라는 것을 생각하게 하시옵소서. 하나님께서 동행해주실 때, 복 된 인생이 된다는 것에 주목하게 하시옵소서. 정직한 자의 삶을 선택하도록 하시옵소서.

이어서 자녀의 상황에 따라 성령님께서 이끌어주시는 대로 빈다.

예수님의 이름으로 기도드립니다. 아멘

 잠 11:3을 소리를 내어 심장을 깨우듯이 읽으십시오.

14주차 5일

잠 11:4, 재물은 진노하시는 날에 무익하나 공의는 죽음에서 건지느니라

환난 날에 산성이 되어주시는 하나님,
저희 가정을 오늘도 거룩하게 하시옵소서. 저희 부부에게 땅에서도 하늘에서 사는 삶이 되게 하시옵소서. 저희 가정이 이 땅에서 성소가 되고, 교회가 되는 은혜를 누리게 하시옵소서.
저희 자녀에게 하나님의 진노하시는 날을 생각하게 하시옵소서. 비록 어리지만 하나님의 시간에 민감하여 살아가도록 인도해주시옵소서. 하나님께 반응하는 삶의 습관이 ○○(이)의 것이 되기를 빕니다.
때를 주목하시고, 때가 되어서 자기의 일을 이루셨던 하나님, 그리고 앞으로도 때를 따라서 자기의 일을 성취하실 하나님을 배우게 하시옵소서. 그러므로 ○○(이)에게 그가 '지금 무엇을' 보다는 하나님의 시간이 오면 내가 어떻게 될 것인가에 마음을 두게 하시옵소서. 지금, 잠깐 동안 누리는 것이 그에게 전부가 아니게 하시옵소서.
저희 자녀가 자신의 마음을 빼앗기지 않도록 성령님께서 강권해주시옵소서. 혹시라도 하나님의 때에 심판을 받을 대상이 되지 않도록 자신을 주의하게 하시옵소서. 지금 당장에는 즐거울지 몰라도 그 즐거움 때문에 심판을 받을까를 생각하게 하시옵소서.

　　　이어서 자녀의 상황에 따라 성령님께서 이끌어주시는 대로 빈다.
예수님의 이름으로 기도드립니다. 아멘

 잠 11:4을 소리를 내어 심장을 깨우듯이 읽으십시오.

14주차 6일

잠 11:5, 완전한 자의 공의는 자기의 길을 곧게 하려니와 악한 자는 자기의 악으로 말미암아 넘어지리라

응답하시기를 즐겨하시는 주여,

오늘도 하나님 앞에서 살아가라 하셨음에 감사드립니다. 성령님의 감동이 저희들에게 소원이 되게 하시옵소서. 그래서 저희 부부에게 가정을 여호와께 구별해 드리도록 은혜를 내려 주시옵소서.

저희 부부가 자녀에게 하나님의 통로라는 것을 깨닫고 있습니다. 사랑하는 ○○(이)가 갖추어야 하는 삶의 자세는 바로 부모의 영향이라는 것을 잊지 않게 하시옵소서. 저희들의 삶이 그대로 자녀에게 물려져서 그렇게 된다는 것을 축복으로 받아들이게 하시옵소서.

저희 자녀가 저희 부부를 부모로 만났다는 사실이 하나님의 은혜가 되기를 원합니다. 저희 부부는 날마다 ○○(이)에게 복이 되도록 하시옵소서. 부모에 의해서 하나님의 사람으로 세워져 가기를 축복합니다.

가정에서 함께 더불어 지내는 중에, 하나님께서 기다리시는 완전함에 이르게 하시옵소서. ○○(이)를 완전함에 이르도록 성장시키라고, 그의 생명을 저희들에게 맡겨주신 것으로 믿습니다. 자녀가 하나님 앞에서 완전함에 이르게 하는 것이 부모의 사명이며, 은혜라는 것을 깨닫고 이 귀한 특권에 게을러하지 않게 하시옵소서.

이어서 자녀의 상황에 따라 성령님께서 이끌어주시는 대로 빈다.

예수님의 이름으로 기도드립니다. 아멘

 잠 11:5을 소리를 내어 심장을 깨우듯이 읽으십시오.

14주차 7일

잠 11:9, 악인은 입으로 그의 이웃을 망하게 하여도 의인은 그의 지식으로 말미암아 구원을 얻느니라

우주 만물을 다스리시는 하나님,
하나님 앞에서 청지기로 살아드리는 한 날이 되기를 원합니다. 저희 자녀에게서 악인의 모습이 나타나지 않게 하시옵소서. 악인의 조상은 처음부터 살인자, 곧 마귀라 하셨습니다. 마귀에게 속하여 종노릇을 하지 않도록 성령님께서 붙들어 주시옵소서.

세상은 본래 마귀에게 속해 있습니다. 사랑하는 ○○(이)는 하나님께 구별된 자녀입니다. 하나님 앞에서 자신의 삶을 선택하게 하시옵소서. 모든 사람들이 외식을 해도 그 유혹을 거절하게 하시옵소서. 자기를 위하여 진실을 외면하지 않게 하시옵소서.

자신의 행실이 거짓되어 남을 속이지 않게 하시옵소서. 남들에게 피해를 주기 위해서 고의로 악한 꾀를 지어내지 않겠다고 다짐하게 하시옵소서. 자기를 지키는 은혜를 경험하게 하시옵소서.

오늘, 한 날을 지내면서 자신에게 이익이 되도록 하느라고 거짓말로 남들을 속이는 더러운 즐거움에 빠지지 않게 하시옵소서. 죄를 가까이 하고, 남을 속이는 것이 보편적이어도 ○○(이)에게는 죄를 거절하도록 용기를 주시옵소서. 경건하지 않은 것은 거절하게 도와주시옵소서.

이어서 자녀의 상황에 따라 성령님께서 이끌어주시는 대로 빈다.

예수님의 이름으로 기도드립니다. 아멘

 잠 11:9을 소리를 내어 심장을 깨우듯이 읽으십시오.

15주차 1일

잠 11:10, 의인이 형통하면 성읍이 즐거워하고 악인이 패망하면 기뻐 외치느니라

긍휼히 여기시는 여호와여,

믿음으로 살아가는 삶이 힘이 부칠 때가 많습니다. 하나님이 없이도 사는 악인들이 잘 되는 것 같고, 믿음으로 사는 저희에게는 어려움이 가중되는 느낌입니다. 불신자들이 더 잘 살아가는 것을 보는 지금, 저희 부부에게 악인의 형통을 부러워하지 않도록 하시옵소서.

저희 부부에게 악인의 형통을 보면서 낙심하지 않도록 성령님께 충만하기를 원합니다. 그리고 ○○(이)에게도 하나님의 사람으로 자기를 지켜 살도록 기름을 부어 주시옵소서. 악인은 자신의 악행으로 말미암아 잘 되는 것 같지만 그것은 잠깐 일뿐입니다.

의인이 잘 되게 하시고, 악인은 결국 망하게 하여 하나님의 공의를 세상에 나타내심을 믿습니다. ○○(이)가 공의로우신 하나님을 기억하면서 악인의 잘 되는 것을 부러워하지 않게 하시옵소서. 하나님께서는 공의로 심판하시고야 마실 거라는 사실을 확신하게 하시옵소서.

저희 부부와 저희 자녀에게 악인은 자기의 악한 행위로 결국에는 망하고 만다는 것을 잊지 않게 하시옵소서. 그리하여 저희는 여호와께 의인이 되게 하시옵소서. 의인의 한 날을 소망하게 하시옵소서.

이어서 자녀의 상황에 따라 성령님께서 이끌어주시는 대로 빈다.

예수님의 이름으로 기도드립니다. 아멘

 잠 11:10을 소리를 내어 심장을 깨우듯이 읽으십시오.

15주차 2일

잠 11:11. 성읍은 정직한 자의 축복으로 인하여 진흥하고 악한 자의 입으로 말미암아 무너지느니라

자기의 공의를 비추시는 하나님,
새 날을 시작하게 하시고, 하늘을 쳐다보게 하시니 감사드립니다. 오늘도 저희 가족에게는 하늘이 소망이 되기를 원합니다.
자녀를 축복하면서 하나님을 더욱 의지하게 하셨음에 감사드립니다. 그러나 ㅇㅇ(이)의 거짓된 행동과 그가 자신의 잘못을 인정하려 하기보다는 변명으로 일관한 모습에 죄의 한 모습을 보게 되었습니다.
순간, 낙심하기도 하였으나 다시 회복시켜 주셨음에 감사드립니다. 저희 가정이 여호와께 복된 가정이며, ㅇㅇ(이)가 여호와 앞에서 존귀한 자녀라는 것을 확인하게 해주셨습니다. 사탄이 ㅇㅇ(이)의 인생을 저주하려고 기회를 노리고 있음을 유의하게 하시옵소서.
사탄은 ㅇㅇ(이)의 인생을 저주하기 위해서 "악한 자의 입"이 되게 할 것입니다. 자신에게 주의하지 않으면 죄의 본성이 나타나 악한 자의 입이 되고, 그 입술의 열매로 파멸에 이르게 할 것입니다. 그것이 두렵습니다. ㅇㅇ(이)에게 입술에 주의하게 하시옵소서.
매순간, 자신을 지켜 악한 자의 길에 서지 않도록 하시옵소서. 성령님께서 그를 다스려 주셔서 악한 자의 행실을 즐기지 않게 하시옵소서.

　　　　이어서 자녀의 상황에 따라 성령님께서 이끌어주시는 대로 빈다.

예수님의 이름으로 기도드립니다. 아멘

 잠 11:11을 소리를 내어 심장을 깨우듯이 읽으십시오.

15주차 3일

잠 11:13, 두루 다니며 한담하는 자는 남의 비밀을 누설하나 마음이 신실한 자는 그런 것을 숨기느니라

나의 왕이신 주여,

저희 자녀가 하나님 앞에서 두 개의 혀를 가지지 않기를 원합니다. 그리하여 이웃을 사랑하는 마음을 주시고, 이웃을 비방을 한다거나 중상모략을 하지 않도록 그의 입술을 다스려 주시옵소서.

누구에게서든지 들은 말에 대하여 ○○(이)가 다른 사람에게 옮기지 않게 하시옵소서. 듣게 된 말을 혹시라도 다른 사람에게 말을 해서 누설하는 죄를 짓지 않도록 하시옵소서. 자신을 신뢰한 사람에게 배신하는 행위를 하지 않도록 성령님께서 강권해주시옵소서.

오늘, ○○(이)에게 "마음이 신실한 자"가 될 것을 축복해주셨습니다. 저희 자녀가 하나님 앞에서 신실하기 위해서는 저희 부부가 모델이 되기 원합니다. 저희 자녀가 부모의 신실한 삶을 존경하고, 롤 모델로 삼도록 감동을 주시옵소서.

○○(이)가 대인관계에서 듣거나 알게 된 것을 숨기게 하시옵소서. 셈과 야벳 형제와 같이 남에 대하여서는 다른 이들에게 덮게 하시옵소서. 덮어서 가려 주고, 지켜 주는 마음을 갖게 하시옵소서. 자신이 알게 된 사실을 타인에게 옮기는 자가 되지 않도록 막아주시옵소서.

　　　이어서 자녀의 상황에 따라 성령님께서 이끌어주시는 대로 빈다.

예수님의 이름으로 기도드립니다. 아멘

 잠 11:13을 소리를 내어 심장을 깨우듯이 읽으십시오.

15주차 4일

잠 11:16, 유덕한 여자는 존영을 얻고 근면한 남자는 재물을 얻느니라

우리를 만족하게 하시는 하나님,
새 날을 맞이하여, 오늘을 살아가는 이유를 여호와께 두도록 하시옵소서. 오늘도 오직 하늘에 계신 하나님의 은혜가 소망이 되기 원합니다. 성령님께서 하늘을 주목하도록 저희 가족을 이끌어 주시옵소서.
○○(이)가 오늘의 말씀으로 취해야 할 것과 버려야 될 생각에 대하여 깨닫게 하시옵소서. 그에게 "유덕함"으로 축복합니다. 그리고 "근면함"을 주의하게 하시옵소서. 하나님을 주목하지 않고, 자기에게 완전하려는 유혹은 거절하게 하시옵소서.
오늘을 지내는 동안에, ○○(이)의 모습이 하나님께서 기뻐하심이 되기 원합니다. 순간, 순간을 보내면서 겸손하게 하시며, 하나님을 주목하게 하시옵소서. 피조물로서 자기를 지으신 이에게 삶의 청지기로서 살아드리도록 하시옵소서.
오늘의 삶이 하나님을 노엽게 해드림이 되지 않게 하시옵소서. 하나님을 무시한다거나 하나님이 없는 자처럼 행동하지 않게 성령님께서 다스려 주시옵소서. 하나님께 오만하지 않도록 이끌어 주시옵소서.
저희 자녀의 하루에 기름을 부어 주시옵소서.
　　　이어서 자녀의 상황에 따라 성령님께서 이끌어주시는 대로 빈다.
예수님의 이름으로 기도드립니다. 아멘

 잠 11:16을 소리를 내어 심장을 깨우듯이 읽으십시오.

15주차 5일

잠 11:17, 인자한 자는 자기의 영혼을 이롭게 하고 잔인한 자는 자기의 몸을 해롭게 하느니라

결코, 변하지 아니하시는 하나님,
저희 부부에게 자녀를 주심도 축복이었듯이, 오늘 이미 주신 복에 감사하면서 살아드리게 하시옵소서. 그리고 저희가 지금 누리는 이 삶이 이후에는 저희 자녀의 것이 되기를 축복합니다.

의인에게 보상이 있음을 ○○(이)에게 약속해주시는 축복의 말씀에 감사드립니다. "인자한 자는 자기의 영혼을 이롭게 하고"라는 말씀을 종일 입속으로 중얼거리게 하시옵소서. 그래서 저희 자녀의 한 날이 하나님께 경건하게 하시옵소서.

○○(이)가 사람들에게는 인자하게 하시옵소서. 그래서 이웃에게 친절하고, 자비로움을 나타내게 하시옵소서. 자신의 행실로 자기를 증거하는 자가 되게 하시옵소서. 자신의 목적을 얻으려고 이웃에게 거칠지 않게 하시옵소서. 잔혹하거나 포악하게 행동하지 않도록 하시옵소서. 오늘을 지내면서, ○○(이)가 자신의 행동으로 하나님께 심판을 받지 않기를 원합니다. 자신이 남에게 취했던 행동에 대한 결과를 되돌려 받는다는 것을 기억하며 살아가게 하시옵소서. 성령님께서 옳지 않은 생각과 악한 손을 거두어주시옵소서.

이어서 자녀의 상황에 따라 성령님께서 이끌어주시는 대로 빈다.

예수님의 이름으로 기도드립니다. 아멘

 잠 11:17을 소리를 내어 심장을 깨우듯이 읽으십시오.

15주차 6일

잠 11:19, 공의를 굳게 지키는 자는 생명에 이르고 악을 따르는 자는 사망에 이르느니라

홀로 다스리시는 주여,

저희 가정에서 존귀와 영광을 오직 주님께 드리기 위해서 지불해야 될 수고와 헌신을 기쁨으로 받게 하시옵소서. 새 날을 맞이하면서 저희 가정에 성령님의 바람이 불어오기를 기대합니다.

어제, 부모에게 분노를 일으키는 자녀의 불순종으로 힘든 시간을 보냈습니다. 매일, 자녀를 축복해오고 있는데, 복을 받지 못하는 행동으로 날뛰는 모습에 속이 시끄러웠지만, 하나님의 은총을 더욱 사모하게 되었습니다.

사랑하는 ○○(이)가 하나님 앞에서 옳다 여김을 받는 사람으로 성장하게 하시옵소서. 그리하여 그의 자람이 곧 그의 인생에서 하나님과 사람에게 사랑스러워지는 축복이 되게 하시옵소서. 스스로 자기를 의롭게 하여 하나님 앞에서 거룩함을 내어보이도록 하시옵소서.

오늘이 ○○(이)에게 거짓을 거절하는 기회가 되기를 원합니다. 성령님께서 그의 마음과 생각을 권고하셔서 의를 구하게 하시옵소서. 의로운 자녀로 자라가는 것으로 말미암아 저희 부부에게는 뿌듯함을 느끼는 축복이 되게 하시옵소서.

    이어서 자녀의 상황에 따라 성령님께서 이끌어주시는 대로 빈다.

예수님의 이름으로 기도드립니다. 아멘

 잠 11:19을 소리를 내어 심장을 깨우듯이 읽으십시오.

15주차 7일

잠 11:22, 아름다운 여인이 삼가지 아니하는 것은 마치 돼지 코에 금 고리 같으니라

살아계신 하나님,

멸망을 받아 죽을 수밖에 없는 사람들 중에서 천에 하나, 만에 하나로 선택하여 하나님의 자녀가 되게 하셨습니다. 그렇게 구원을 받은 가정에서 저희 자녀가 태어나게 하셨음에 감사드립니다. 이제, ○○(이)는 여호와께 속한 백성이라는 사실을 기억하며 지내게 하시옵소서.

하나님께서는 저희 자녀가 천국 일꾼이 되기를 원하신다는 것을 깨닫고 있습니다. ○○(이)가 자신의 신분이 하나님께 속하여 있음을 확인하며, 자기를 지켜 구별하게 하시옵소서.

저희 자녀를 여호와께 존귀한 자로 여겨주셨음에 자신의 신분에 대한 가치를 잊지 않게 하시옵소서. 은혜를 사모함도 귀한 생각이지만, 은혜를 받은 자로서의 행실에도 유의하게 하시옵소서. ○○(이)에게 자신의 생각과 행동을 삼가서 만용하지 않도록 지켜주시옵소서.

자신의 자리를 지켜 하나님께 영광이 되게 하시옵소서. 하나님께서 저희 자녀에게 원하시는 삶이 무엇인가를 깨달아 그 삶의 자리를 지키도록 도와주시옵소서. ○○(이)가 자신을 삼가지 않음으로써 자신의 행실에서 거룩함을 잃게 되며, 방종하게 되지 않게 하시옵소서.

이어서 자녀의 상황에 따라 성령님께서 이끌어주시는 대로 빈다.

예수님의 이름으로 기도드립니다. 아멘

 잠 11:22을 소리를 내어 심장을 깨우듯이 읽으십시오.

16주차 1일

잠 11:25, 구제를 좋아하는 자는 풍족하여질 것이요 남을 윤택하게 하는 자는 자기도 윤택하여지리라

행실대로 보응하시는 하나님,
오늘, 저희 부부와 자녀에게 이웃을 사랑하시는 하나님을 보게 하시옵소서. 남들에게서 도움을 받아야만 일어설 수 있는 이들을 사랑하시고, 그들을 돕도록 주위에 있는 사람들에게 도울 힘이 있도록 하셨음을 믿게 하시옵소서.
○○(이)에게 하나님을 사랑해드리는 것이 이웃에게의 행실로 이어진다는 사실을 기억하게 하시옵소서. 사람은 누구든지 하나님께서 지으신 피조물이라 그들에 대한 행위가 곧 하나님께 드리는 저희 자녀의 반응이라는 것을 잊지 않게 하시옵소서.
이웃에게 친절한 손길 하나가 곧 하나님께 드림이라는 것을 배우게 하시옵소서. ○○(이)에게 환난이나 곤경에 처한 이웃을 보게 하심은 그들을 돕고자 하시는 하나님의 지시라는 것을 배우게 하시옵소서. 하나님을 공경하는 마음으로 이웃에게 손을 펴게 하시옵소서.
저희 자녀가 이 땅에서 지내는 동안에 풍성함을 경험하게 해주시는 것이 하나님의 뜻이라는 것을 배웁니다. ○○(이)가 구제를 좋아하고, 남을 윤택하게 하기를 즐거워하게 하시옵소서.

    이어서 자녀의 상황에 따라 성령님께서 이끌어주시는 대로 빈다.

예수님의 이름으로 기도드립니다. 아멘

 잠 11:25을 소리를 내어 심장을 깨우듯이 읽으십시오.

16주차 2일

잠 11:29, 자기 집을 해롭게 하는 자의 소득은 바람이라 미련한 자는 마음이 지혜로운 자의 종이 되리라

은혜를 내려주시는 여호와여,
새 날의 삶을 시작하면서 저희 가정을 축복합니다. 부모와 자녀 다 함께 여호와께 복된 백성이 되게 하시옵소서. 한 걸음, 한 걸음을 예수님과 걸어가는 은혜를 경험하게 하시옵소서.
저희 가정에 경고의 음성을 들려주시니 감사합니다. "자기 집을 해롭게 하는 자"에 대하여 부정적으로 주목하게 하시옵소서. 그리하여 그런 자가 되어서는 안 된다는 말씀을 심령에 새겨주시옵소서. 저희에게 집을 슬프게 해서는 안 된다는 것을 꼭 다짐하도록 도와주시옵소서.
저희 자녀가 게으르고 나태하지 않도록 성령님께서 강권해주시기를 원합니다. 그에게 게으름이 찾아오거나 나태해지고 싶은 유혹이 밀려올 때, 타협하지 말고 단호하게 물리치게 하시옵소서. 하나님께서는 ○○(이)가 성실하게 살아갈 것을 기대하신다고 믿습니다.
저희 자녀가 정당하게 수고하지 않고서 더 가지려는 탐욕을 품지 않게 하시옵소서. ○○(이)가 하나님 앞에서, 이웃과의 관계에서 남들보다 더 가지려는 악한 생각을 하지 않도록 하시옵소서. 그래서 자기 자신을 이롭게 하는 지혜로운 한 날을 보내게 하시옵소서.

    이어서 자녀의 상황에 따라 성령님께서 이끌어주시는 대로 빈다.
예수님의 이름으로 기도드립니다. 아멘

 잠 11:29을 소리를 내어 심장을 깨우듯이 읽으십시오.

16주차 3일

잠 11:30, 의인의 열매는 생명나무라 지혜로운 자는 사람을 얻느니라

영원하신 아버지지 하나님,

새 날을 주신 오늘, 주 안에서 한 날을 지내도록 이끌어주시옵소서. 먼저, 저희 부부에게 오늘의 삶에서 하나님께의 영광을 구하게 하시며, ○○(이)는 부모의 모습을 보게 해주시옵소서.

성령님께서 저희의 마음과 생각을 주장하셔서 청지기로 살아드리는데 조금의 모자람도 없게 하시옵소서. 그리하여 의인의 열매를 맺기를 소원하게 하시옵소서. 하나님의 자녀라는 자신의 신분을 잊지 않고, 말과 행동에서 경건하게 하시옵소서.

"지혜로운 자는 사람을 얻느니라."라는 말씀이 저희 자녀에게 축복이 되기 원합니다. 오늘을 지내는 중에, 주 안에서 ○○(이)가 자신의 행실과 말에 온전하도록 하시옵소서. 친구들이나 주위의 사람들에게 호감이 되게 하시옵소서.

이로 말미암아 만나는 친구들을 생명의 길로 인도하는 기회를 얻게 하시옵소서. ○○(이)에게 학교의 교실, 또는 동네에서 어울리는 친구들을 옳은 데로 돌아오게 하는 은혜를 경험하게 하시옵소서.

○○(이)가 대하게 되는 사람이 신자이든 불신자이든 다 하나님께서 지으시고, 귀하게 여기시는 존재라는 것을 생각하게 하시옵소서.

이어서 자녀의 상황에 따라 성령님께서 이끌어주시는 대로 빈다.

예수님의 이름으로 기도드립니다. 아멘

 잠 11:30을 소리를 내어 심장을 깨우듯이 읽으십시오.

16주차 4일

잠 12:1, 훈계를 좋아하는 자는 지식을 좋아하거니와 징계를 싫어하는 자는 짐승과 같으니라

오늘도 함께 하시는 하나님,

저희 자녀를 위하여 훈계를 좋아하고, 징계를 좋아하라고 도전해주셨습니다. 여호와께 복된 사람으로 살아가기 위해서 배워야 할 것을 사모하게 하시옵소서. 부모에게서, 주위에 계신 어른들로부터 가르침을 받기를 즐거워하게 하시옵소서.

지금, ○○(이)에게는 교훈과 책망이 필요하다고 믿습니다. 이로써 하나님의 사람으로 온전함에 이르기를 소원합니다. 저희 자녀가 잘못한 행실에 대한 꾸지람을 받음으로써 겸손해지게 될 것이라 믿습니다. 자신의 행위에 대한 잘못을 책망 받을 때, 하나님의 사람으로 다듬어지는 기회라 여기게 하시옵소서.

만일, 책망을 받지 않으면 어디에서라도 자신이 다듬어질 기회를 얻을 수 없다는 것을 깨닫게 하시옵소서. 훈계와 징계가 그릇된 길로 나아가지 않도록 막아주시는 하나님의 의도라는 것을 배우게 하시옵소서. 나아가 지키고, 따라야 할 바른 행실에 대하여 배우게 하시옵소서. 사랑하는 ○○(이)가 자신의 잘못된 점을 지적 받아 다시는 그와 같은 실수를 하지 않도록 훈련되도록 이끌어 주시옵소서.

　　　이어서 자녀의 상황에 따라 성령님께서 이끌어주시는 대로 빈다.

예수님의 이름으로 기도드립니다. 아멘

 잠 12:1을 소리를 내어 심장을 깨우듯이 읽으십시오.

16주차 5일

잠 12:3, 사람이 악으로서 굳게 서지 못 하거니와 의인의 뿌리는 움직이지 아니하느니라

하늘에 계신 주여,

오늘, 우리 가정을 축복합니다. 흐드러지게 피어있는 봄의 꽃들에게서 행복함을 느끼게 하시는 은혜에 감사드립니다. 저희 가족에게서도 하나님을 향하여 향기롭게 피어나는 꽃이 되게 하시옵소서. 그리고 저희 부부의 삶이 바로 ㅇㅇ(이)를 축복하는 것이 되기 원합니다.

저희 자녀가 하나님께서 주신 좋은 날에, 악한 일을 도모하여 악에게 심판을 받지 않도록 이끌어 주시옵소서. 악인은 자신의 악한 행동으로 말미암아 그의 영혼이 불안해질 것입니다. 그리고 두려움을 이기지 못해서 그의 마음과 생각이 여러 갈래로 흩어지게 할 것입니다.

나쁜 일을 하는 순간에는 즐거움이 아주 잠시 뿐이었고, 그로 말미암은 심적인 동요와 두려움이 더 오래 한다는 것을 ㅇㅇ(이)가 깨닫게 하시옵소서. 사소하게 여겨지는 것들에서도 그것이 악한 일인가, 그렇지 않은가를 살피게 하시옵소서.

저희 자녀가 죄악 된 행실에 대하여서는 해보고 알려 하는 것보다 애초에 가까이 하지 않도록 도와주시옵소서. 하나님께서 인생이 요동하지 않기 위해서 악인의 행실을 멀리하게 해주시옵소서.

　　　이어서 자녀의 상황에 따라 성령님께서 이끌어주시는 대로 빈다.

예수님의 이름으로 기도드립니다. 아멘

 잠 12:3을 소리를 내어 심장을 깨우듯이 읽으십시오.

16주차 6일

잠 12:4, 어진 여인은 그 지아비의 면류관이나 욕을 끼치는 여인은 그 지아비의 뼈가 썩음 같게 하느니라

사랑이 많으신 하나님,

오늘, 다시 한 날을 맞이하게 하시고, 이 날을 살아가도록 축복해주셨음에 감사드립니다. 저희 가정을 복되게 하시고, 식구들 모두에게 어진 자의 자리로 들어가도록 도와주시옵소서. 저희가 살아가고 있음이 하나님께 영광이 되게 하시옵소서.

안타깝게도 우리는 아버지가 되시는 하나님을 누리지 못하고 지냅니다. 그리고 우리와 함께 살아가고 있는 이들에게는 우리가 하나님의 자녀라는 것을 확인시켜 주지 못하고 있습니다. 또한 세상에 대하여 하나님을 보여 주지도 못하고 있습니다.

○○(이)가 저희 부부에게 면류관이 되게 하시옵소서. 그렇기 때문에, 오늘을 지내면서 ○○(이)가 '다움'의 은혜를 경험하게 하시옵소서. 그리하여 여호와께 하나님의 은혜를 기다리는 자녀로서의 삶을 소망하게 하시옵소서.

자신이 살아가는 세상을 향해서는 하나님의 자녀다운 모습을 보여드리게 하시옵소서. ○○(이)으로 말미암아 사람들은 하나님을 보게 하시옵소서. 그리고 하나님의 자녀가 되고 싶어 하게 하시옵소서.

   이어서 자녀의 상황에 따라 성령님께서 이끌어주시는 대로 빈다.

예수님의 이름으로 기도드립니다. 아멘

 잠 12:4을 소리를 내어 심장을 깨우듯이 읽으십시오.

잠언으로 자녀를 축복하는 읽는 기도 ①

16주차 7일

잠 12:11, 자기의 토지를 경작하는 자는 먹을 것이 많거니와 방탕한 것을 따르는 자는 지혜가 없느니라

인자하심이 영원하신 하나님,

저희 자녀에게 "자기의 토지를 경작하는 자"가 되라고 축복해주셨습니다. 땅에 심고, 노력을 하여 돌보면 풍성하게 거두게 된다는 땅의 원리를 가르쳐 주시니 감사드립니다. 저희 부부에게 땅의 원리를 기억하여 성실하게 하셨던 은혜가 저희 자녀의 것이 되게 하시옵소서.

사람이라면 누구든지 이 세상에 태어나면서 자기 몫의 삶을 받았다는 것을 ○○(이)가 배우도록 가르쳐 주시옵소서. 저희 자녀에게 자기만의 땅을 주시고, 그 땅에서 수고하도록 하신 하나님의 의도를 존귀하게 여기게 하시옵소서.

지금이 바로 축복된 시간이라는 것을 자신의 심령에 새기게 하시옵소서. 헛된 욕심을 생각하지 않고, 시간 앞에서 정직하게 하시옵소서. 자신에게 성실함이 오직 받은 복에 대한 증거가 되게 하시옵소서.

그렇지만 사탄은 ○○(이)의 인생을 망치려고 끊임이 없이 그에게 유혹해올 겁니다. 자신을 수시로 돌아보아 "방탕한 것을 따르는 자"가 될까 주의하게 하시옵소서. 한 순간에도 자신이 경작해야 될 땅에서 다른 데로 눈을 돌리지 않게 하시옵소서.

　　　　이어서 자녀의 상황에 따라 성령님께서 이끌어주시는 대로 빈다.

예수님의 이름으로 기도드립니다. 아멘

 잠 12:11을 소리를 내어 심장을 깨우듯이 읽으십시오.

17주차 1일

잠 12:16, 미련한 자는 당장 분노를 나타내거니와 슬기로운 자는 수욕을 참느니라

구원하시기를 즐겨하시는 여호와여,
전혀 기대하지 못했던 저희 자녀의 행동 때문에 분노가 폭발했으나 축복의 기도를 멈추지 않게 하셔서 감사드립니다. 마음으로는 축복의 기도를 해온 시간이 헛된 것처럼 생각되었지만, 성령님께서 저희 부부의 마음을 다스려 주셨습니다.
○○(이)의 인생을 여호와께 복되게 하사, 이제까지와 같이 앞으로도 하나님을 가까이 하여 지내게 하시옵소서. 가정에서는 부모로부터, 교회에서는 어른들로부터 교훈과 권면을 받기를 즐거워하게 하시옵소서. 성령님께서 강권적으로 그의 마음과 입술을 주장해주시옵소서. 감정을 다스리지 못하고, 본능적으로 반응하는 데 익숙하지 않게 하시옵소서. 절제할 줄 모르는 죄인의 본성으로 반응하지 않도록 ○○(이)의 마음을 다스려 주시옵소서.
저희 자녀가 마주하게 되는 것에서 자신의 감정을 드러내지 않게 하시며, 어떤 상황에서도 충동적인 감정으로 대하지 않게 하시옵소서. 그 상황에서 오직 하나님을 주목하게 하시옵소서. 그리고 그 상황에 간섭하시는 하나님의 손을 기다리게 하시옵소서.

　　　이어서 자녀의 상황에 따라 성령님께서 이끌어주시는 대로 빈다.

예수님의 이름으로 기도드립니다. 아멘

 잠 12:16을 소리를 내어 심장을 깨우듯이 읽으십시오.

17주차 2일

잠 12:18, 칼로 찌름 같이 함부로 말하는 자가 있거니와 지혜로운 자의 혀는 양약과 같으니라

우리의 의가 되어주시는 하나님,

저희 자녀도 전에는 궤휼을 말하는 입을 가졌었습니다. 당장이라도 상대를 넘어뜨리려 하였습니다. 깔로 찌름처럼 함부로 말을 했습니다.

이제, 주 안에서 ○○(이)가 분별이 없이 충동적으로 말을 하는 입술을 갖지 않게 하시옵소서. 아직도 남아있는 죄의 성향이 그의 감정을 충동한다 하여도, 성령님께서 그의 입술을 붙잡아 주시옵소서.

○○(이)에게 하나님 앞에서 언어의 청지기로 충성을 다할 것을 결단하게 하시옵소서. 그의 입술로 말을 더럽히지 않게 하시며, 감정의 충동에 따라 놀려지게 된다면 입을 닫게 하시옵소서. 아직도 성령님께 다스려지지 못한 감정에 대하여 대적하게 하시옵소서.

저희 자녀의 입술에서 의를 나타내기를 좋아하게 하시옵소서. 때에 적절한 말을 하여 듣는 자들에게 시원함이 되게 하시옵소서. 찾고 있었던 답을 주는 입이 되게 하시옵소서.

○○(이)의 인생이 영원히 서지 못할까 염려스럽습니다. 그를 불쌍히 여겨주시고, 받아주시옵소서. 하나님께 인정을 받는 인생이 되도록 이끌어 주시옵소서. 누구에게든지 약이 되는 입을 갖게 하시옵소서.

이어서 자녀의 상황에 따라 성령님께서 이끌어주시는 대로 빈다.

예수님의 이름으로 기도드립니다. 아멘

 잠 12:18을 소리를 내어 심장을 깨우듯이 읽으십시오.

17주차 3일

잠 12:19, 진실한 입술은 영원히 보존되거니와 거짓 혀는 잠시 동안만 있을 뿐이니라

기업이 되어 주시는 하나님,
○○(이)가 하나님께서 보장해주시는 인생이기 원합니다. 저희 자녀를 사랑하셔서 다시 또 한날의 삶을 살게 하셨음에 감사드립니다. 오늘도 하나님께서 저희와 동행해주시고, ○○(이)의 인생을 지켜주시옵소서. 저희 자녀가 오늘을 지내려 할 때, "진실한 입술은 영원히 보존되거니와"라고 축복해주셨습니다. 우리 하나님께서 진실하시므로 저희 자녀에게도 진실하게 하시옵소서. 진실한 말은 그 말을 한 사람을 진실하게 하며, 그 말이 시간이 흘러도 바뀔 수 없음을 깨닫게 하시옵소서.
"거짓 혀는 잠시 동안만 있을 뿐이니라."는 말씀을 잊지 않게 하시옵소서. 거짓으로 하는 말은 눈을 깜짝이는 동안뿐임을 기억하게 하시옵소서. 시간이 조금만 흐르면 거짓이 탄로되고, 사람을 잃게 될 것입니다. 혹시 불리하다 하여 혀를 거짓되게 하지 않도록 하시옵소서.
○○(이)의 입술에 기름을 부어 주시옵소서. 사탄이 거짓의 영으로 저희 자녀를 유혹하려 할 때, 물리치게 하시옵소서. 거짓의 영을 대적하게 하시며, 진실한 입술을 갖게 하시옵소서. 성령님께서 그의 입술을 진실하게 하시옵소서.

　　　이어서 자녀의 상황에 따라 성령님께서 이끌어주시는 대로 빈다.
예수님의 이름으로 기도드립니다. 아멘

 잠 12:19을 소리를 내어 심장을 깨우듯이 읽으십시오.

17주차 4일

잠 12:23, 슬기로운 자는 지식을 감추어도 미련한 자의 마음은 미련한 것을 전파하느니라

하늘에 계신 주여,

새 날을 맞아드립니다. 오늘, 하나님께서 동행하여 주시는 한 날이 되게 하시옵소서. 저희 자녀가 오늘을 어떻게 살아갈 것인가를 생각할 때, 슬기로운 자와 미련한 자에 대한 대조에 주목하게 하시옵소서.

성령님께서 ○○(이)를 권고하사, 자기를 감추는 삶을 경험하게 하시옵소서. 알고 있는 것이 있다 할지라도 겸손하여 자신을 감추게 하시옵소서. 다른 사람들을 자기보다 낫게 여겨서 그들이 나타내어지며, 자신은 뒤로 물러앉게 하시옵소서.

이로써 자신에 대하여 신중하고, 남들에게는 적절한 자가 되는 것을 경험하기를 원합니다. 혹시 저희 자녀가 나서야 할 때는 자기보다 남들에게 유익이 되기를 원하는 마음을 갖게 하시옵소서. 그리고 꼭 필요한 말을 하되, 그 말의 길이를 아끼게 하시옵소서.

오늘, ○○(이)에게 하루를 지내면서 나대지 말게 하시며, 드러내 보이고 싶어 참지를 못하고, 떠벌리지 않게 하시옵소서. 자신의 어리석음만 쏟아낼 뿐입니다. 죄의 성향, 자기를 다른 이들에게 과시하려는 욕망에 대적하는 자세를 잊지 않게 하시옵소서.

    이어서 자녀의 상황에 따라 성령님께서 이끌어주시는 대로 빈다.

예수님의 이름으로 기도드립니다. 아멘

 잠 12:23을 소리를 내어 심장을 깨우듯이 읽으십시오.

17주차 5일

잠 12:24, 부지런한 자의 손은 사람을 다스리게 되어도 게으른 자는 부림을 받느니라

신실하신 하나님,

저희 자녀를 여호와께 복되게 하사 정당한 축적을 가져오게 하셨음을 믿습니다. "부지런한 자의 손"에 주목하도록 축복해주셨습니다. 이 약속의 말씀을 받았느니 ○○(이)가 무엇이든지 할 수 있는 시간 동안에 부지런하게 하시옵소서.

공부를 하는 시간에 부지런하게 하시옵소서. 친구들과 어울려 교제할 때, 친구들과의 우정에 부지런하게 하시옵소서. 저희 자녀에게 교만으로 말미암아 남을 다스리지 않고, 자신의 부지런함으로 남을 다스리는 위치에 있도록 하시옵소서.

이 은혜를 ○○(이)가 평생을 살아가는 동안에 심령에 새겨두어야 할 진리로 받아들이게 하시옵소서. 성령님께서 늘 ○○(이)를 권고해주시옵소서. 자신의 자리는 부지런함이어야 함을 생각하게 하시옵소서.

사탄은 ○○(이)가 잘 되는 것을 시기하여 게으르게 할 것입니다. 그럴 듯한 이유를 내세워 게으름에의 정당성을 찾게 할 것입니다. 그때, 그 유혹을 단호하게 물리치는 장부가 되게 하시옵소서. ○○(이)에게 때로는 자신을 거절하는 은혜도 경험하게 하시옵소서.

　　　이어서 자녀의 상황에 따라 성령님께서 이끌어주시는 대로 빈다.

예수님의 이름으로 기도드립니다. 아멘

 잠 12:24을 소리를 내어 심장을 깨우듯이 읽으십시오.

17주차 6일

잠 12:25, 근심이 사람의 마음에 있으면 그것으로 번뇌하게 되나 선한 말은 그것을 즐겁게 하느니라

기다리는 자들에게 찾아오시는 하나님,
사람에게서 근심이 떠날 수 없음을 인정하고, 성령님께 자신을 맡기는 하루가 되게 하시옵소서. 저희들이 근심을 몰아내려 하기보다는 선한 일에 힘써서 근심이 우리를 공격하도록 틈을 주지 않게 하시옵소서.
오늘, 저희 가정에 "선한 말은 그것을 즐겁게 하느니라."라고 축복해 주셨습니다. 종일을 지내면서 저희 부부와 ○○(이)에게 선한 말을 하도록 성령님께 충만하게 하시옵소서. 오늘은 저희들이 성령의 말하게 하심을 따라 말을 하는 은혜의 증인이 되게 하시옵소서.
저희 자녀의 혀를 축복합니다. 그의 언어를 복되게 하시옵소서. 무엇에든지 말하게 될 때, 거짓으로 말하지 않게 하시옵소서. 다른 사람과의 대화에서 함부로 말을 하여 칼로 찌르듯이 하지 않게 하시옵소서.
○○(이)의 입술에 기름을 부어주시옵소서. 선한 말을 하는 혀를 갖게 하시옵소서. 자신의 진실 됨을 보여주는 말, 상대가 꼭 찾고, 기다렸던 말을 하게 하시옵소서.
사랑을 전하는 입술이 되어, 듣는 사람에게 힘이 되는 말을 하게 하시옵소서. 허물은 덮어주고, 잘못은 용서해주는 말을 하게 하시옵소서.

　　　이어서 자녀의 상황에 따라 성령님께서 이끌어주시는 대로 빈다.

예수님의 이름으로 기도드립니다. 아멘

 잠 12:25을 소리를 내어 심장을 깨우듯이 읽으십시오.

17주차 7일

잠 12:26, 의인은 그 이웃의 인도자가 되나 악인의 소행은 자신을 미혹하느니라

나의 의가 되시는 주여,
세상에 죄가 들어온 이후, 죄의 악순환 속에서 살아가고 있는 인생입니다. 오늘, 저희 가정은 여호와께 죄를 거절하여 하나님의 의가 넘치는 선순환으로 살아가도록 이끌어주시옵소서.
성령님께 충만하여 하나님의 거룩하심에 도전하게 하시옵소서. 저희 부부와 자녀에게 가정을 성소로 삼게 하시고, 성전이 된 가정에서 하나님이 의를 이루어 가도록 도와주시옵소서.
기름을 부어 주셔서 경건을 이루어가기에 조금도 부족하지 않게 하시옵소서. 하루를 지내는 삶이 의의 열매가 되게 하시옵소서.
○○(이)가 오늘을 지내면서, 사람보다 하나님께 기준을 두게 하시옵소서. 사람들이 좋아하는 이웃이 되기보다는 하나님께 의인이 되어 살아가기를 소원하게 하시옵소서. 자신의 친구에게 올바른 길을 충고로써 지침해 주며, 하나님의 영광을 구하게 하시옵소서.
끊임없이 악순환이 되는 죄악의 굴레 속에 속박되지 않도록 ○○(이)에게 늘 성령님께서 강권해주시옵소서. 그 안에서 안주하는 악인이 되어서는 안 된다는 것을 심령에 새기게 하시옵소서.

    이어서 자녀의 상황에 따라 성령님께서 이끌어주시는 대로 빈다.

예수님의 이름으로 기도드립니다. 아멘

 잠 12:26을 소리를 내어 심장을 깨우듯이 읽으십시오.

18주차 1일

잠 12:28. 공의로운 길에 생명이 있나니 그 길에는 사망이 없느니라

말씀하시며, 이루시는 하나님,
저희 자녀에게 하나님의 말씀에 순종하며, 하나님의 뜻을 이루어드리는 삶을 소원하게 하시옵소서. 허물과 죄로 죽었던 ○○(이)를 하나님께서 살려주신 이유에 대하여 주목하여 오늘을 지내게 하시옵소서.
저희 부부가 날마다 하나님께서 동행해주시기를 사모하는 것처럼 사랑하는 ○○(이)가 하나님의 동행을 소망하게 하시옵소서. 그러면서 자신을 거룩하게 하기에 힘을 쓰는 삶을 경험하게 하시옵소서.
저희 자녀를 위하여 "공의로운 길에 생명이 있나니"라고 축복해주셨습니다. 죄를 씻어주신 주님의 보혈, 그 피로 구원을 받았음에 감사하게 하시며, 구원을 받았음이 다 된 것이 아니고, 하나님 앞에서 의를 구하게 하시옵소서. 영원한 생명을 약속해주셨으므로 의의 열매를 맺게 하시옵소서.
저희 자녀에게 자기를 구원해주신 하나님의 의도에 합당하게 살아드리는 한 날로 만들어주시고, 하나님과의 동행을 바라게 하시옵소서.
이로써 저희 자녀가 오늘의 사람에서 의로운 길에 있게 된다면 그에게 죽음이 없을 것으로 믿습니다. 하나님에게서의 분리가 죽음일진대, 사랑하는 ○○(이)에게는 죽음을 경험하지 않게 하시옵소서.

　　　이어서 자녀의 상황에 따라 성령님께서 이끌어주시는 대로 빈다.

예수님의 이름으로 기도드립니다. 아멘

 잠 12:28을 소리를 내어 심장을 깨우듯이 읽으십시오.

18주차 2일

잠 13:1, 지혜로운 아들은 아비의 훈계를 들으나 거만한 자는 꾸지람을 즐겨 듣지 아니하느니라

불꽃같은 눈으로 보시는 여호와여,

싱그러운 계절을 맞이하면서 저희의 하나님을 향한 사랑도 푸르게 하시옵소서. 자녀를 축복하면서 오히려 저희 부부에게 사랑을 배우게 하셨습니다. 저희에게 자녀를 주심은 그를 축복하라 하심이었음을 비로소 깨닫게 하셨습니다.

"지혜로운 아들은 아비의 훈계를 들으나"라고 축복해주셨습니다. 사랑하는 ○○(이)가 부모의 말을 듣기 좋아하듯이 하나님께도 그리 하게 하시옵소서. 그래서 오늘, 한 날을 지내면서 하나님께 마음을 두게 하시옵소서.

저희 자녀에게 하루를 지내면서 하나님의 말씀을 지켜 순종하는 것에 단 마음을 지니게 하시기를 원합니다. 훈계를 듣고, 순종함으로써 더욱 지혜로워져 그의 인생이 윤택해지게 하시옵소서. 이로써 순종의 복에 대한 증인이 되게 하시옵소서.

저희 자녀가 하나님의 말씀에 순종하기를 원하지만 때로는 사탄이 그를 거만하도록 충동할 것입니다. 그때, 거만해지려는 마음을 대적하게 하시옵소서. 성령님께서 물리쳐 주시옵소서.

　　이어서 자녀의 상황에 따라 성령님께서 이끌어주시는 대로 빈다.

예수님의 이름으로 기도드립니다. 아멘

 잠 13:1을 소리를 내어 심장을 깨우듯이 읽으십시오.

18주차 3일

잠 13:3, 입을 지키는 자는 자기의 생명을 보전하나 입술을 크게 벌리는 자에게는 멸망이 오느니라

하나님이 되어 주시는 하나님,
새 날을 맞이하게 하셨음에 감사드립니다. 오늘, 저희 가정이 여호와께 구별되게 하시며, ○○(이)에게도 복된 하루가 되게 하시옵소서.
사람을 대할 때, 죄인의 잘못을 떠벌리지 않으시는 하나님을 주목하기를 원합니다. 오늘, ○○(이)에게 죄인의 잘못을 퍼뜨리지 않으시는 하나님을 배우게 하시옵소서. 그리고 아버지의 수치를 덮고, 허물을 드러내려 하지 않았던 셈과 야벳을 기억하게 하시옵소서.
우리 주위에는 아무 생각이 없이 무책임하게 말을 내뱉는 이들이 있습니다. 그리고 무차별적으로 남을 비방, 중상하는 자들도 쉽게 봅니다. 저희 자녀가 그러한 사람들에게 영향을 받지 않도록 도와주시옵소서. 입술을 크게 벌리는 자들에게서 떠나게 하시옵소서.
○○(이)가 혹시라도 다른 사람의 실수를 자기가 칭찬을 받는 기회로 이용하려 하지 않게 하시옵소서. 다른 사람의 잘못을 자기를 유익하게 하는 기회로 이용하려 하지 않게 하시옵소서. 다른 사람이 실패할 때, 자기에게 성공을 얻는 기회로 이용하려 하지 않게 하시옵소서. 오직 하나님의 인도해주심을 기다리게 하시옵소서.

　　　이어서 자녀의 상황에 따라 성령님께서 이끌어주시는 대로 빈다.

예수님의 이름으로 기도드립니다. 아멘

 잠 13:3을 소리를 내어 심장을 깨우듯이 읽으십시오.

18주차 4일

잠 13:4, 게으른 자는 마음으로 원하여도 얻지 못하나 부지런한 자의 마음은 풍족함을 얻느니라

나를 부끄럽지 않게 하시는 주여,
저희 자녀가 획득에 대하여 두 가지를 꼭 배우기를 원합니다. 마음만으로는 얻을 수 없으며, 생각만으로는 가질 수 없다는 것을 깨닫게 하시옵소서. ○○(이)가 자신의 열심을 원함에 두지 않게 하시옵소서.
원함은 때때로 ○○(이)에게 피곤하게 할까 두렵습니다. 원하는 것에 집중하고, 원하는 것만 생각하다가 낙심에 떨어지지 않도록 붙들어 주시옵소서. 원함보다는 부지런함에 주목하게 하시옵소서.
"부지런한 자의 마음은 풍족함"이라고 축복해주셨습니다. ○○(이)에게 무엇에든지, 얻는 것에는 대가가 지불되어야 한다는 사실을 좋게 여기게 하시옵소서. 그리고 대가를 지불하려 할 때, 이미 얻었음에 대한 결과를 바라보게 하시옵소서.
○○(이)에게 욕구를 주신 하나님의 은혜를 묵상합니다. 오늘, 한날을 지내면서 욕구를 느끼게 하신 하나님, 그 욕구를 성취시켜 주실 하나님께 찬양을 드리게 하시옵소서.
성령님께서 그를 강권하사 욕구를 성취하기 위하여 열심을 내게 하시옵소서. 게으름에 대한 유혹은 대적하고, 부지런하게 하시옵소서.

    이어서 자녀의 상황에 따라 성령님께서 이끌어주시는 대로 빈다.
예수님의 이름으로 기도드립니다. 아멘

 잠 13:4을 소리를 내어 심장을 깨우듯이 읽으십시오.

18주차 5일

잠 13:5, 의인은 거짓말을 미워하나 악인은 행위가 흉악하여 부끄러운 데에 이르느니라

기도를 들어 주시는 하나님,
하나님의 이름을 부르게 하시니 감사드립니다. 오늘도 부모와 자녀가 하나님 앞에서 의를 구하며 지내게 하시옵소서. 저희 부부는 ○○(이)에게 신앙의 모델이 되는데 부족하지 않게 하시옵소서. 주님의 피로 세워주신 ○○ 교회도 그에게 신앙의 모델이 되게 하시옵소서.
오늘, 하루를 지내면서 저희 자녀에게 의로운 행실에 대하여 결단하게 하심에 감사드립니다. "의인은 거짓말을 미워하나" 라고 하셨으니 이것을 ○○(이)가 자신의 고백으로 삼게 하시옵소서. 죄로 말미암아 심령이 부패되었는데 주님의 보혈로 죄를 씻어주셨습니다.
이에, 다시는 저희 자녀가 죄에게 자신을 내어주지 말고, 거짓을 거절하게 하시옵소서. 거짓말을 즐겨 하던 입술은 주님의 피로 깨끗하게 되었으니, 다시 거짓의 아비에게로 돌아가지 않도록 막아주시옵소서. ○○(이)가 의의 열매를 구하기에 힘쓰도록 이끌어주시옵소서.
십자가에서 흘리신 주님의 피로 구원을 받았은즉, ○○(이)에게 기름을 부어주시옵소서. 오직 하나님 앞에서 참되게 하여 구원을 이루어가게 하시옵소서.

      이어서 자녀의 상황에 따라 성령님께서 이끌어주시는 대로 빈다.
예수님의 이름으로 기도드립니다. 아멘

 잠 13:5을 소리를 내어 심장을 깨우듯이 읽으십시오.

18주차 6일

잠 13:6, 공의는 행실이 정직한 자를 보호하고 악은 죄인을 패망하게 하느니라

나를 붙들어 주시는 주여,
저희 자녀에게 온전함에 이르는 삶을 소원하게 하시옵소서. 우리에게 교회를 주심도 하나님의 백성으로서 완전함에 이르게 하심이라는 것을 깨닫습니다. ○○(이)가 성경을 배우고, 어른 성도들의 신앙과 삶에서 교훈을 받게 하시옵소서.

더불어 하나님의 뜻과 말씀에 순종하기를 즐거워하게 하시옵소서. ○○(이)에게 교회에서 경험되는 모든 시간에 하나님의 사람으로 자라기를 원합니다. 이로써 저희 자녀가 하나님 앞에서 자신의 행실이 정직하기를 소원하게 하시옵소서.

○○(이)에게 주님을 닮아가겠다는 결단을 하게 하시옵소서. 주님의 모습이 자기의 것이 되도록 예수님의 삶에 도전하게 하시옵소서. 하루를 지내면서, '예수님이시라면 어떻게 하셨을까'를 스스로에게 질문하며, 주님의 길을 선택하게 하시옵소서.

저희 자녀가 죄의 본성으로 말미암아 죄를 지을 때도 있을 겁니다. 또는 자신을 이기지 못하여 옛 사람의 행실을 보이기도 할 겁니다. 그때, 낙심하지 않도록 성령님께서 붙들어 주시옵소서.

　　　　이어서 자녀의 상황에 따라 성령님께서 이끌어주시는 대로 빈다.

예수님의 이름으로 기도드립니다. 아멘

 잠 13:6을 소리를 내어 심장을 깨우듯이 읽으십시오.

18주차 7일

잠 13:7, 스스로 부한 체하여도 아무 것도 없는 자가 있고 스스로 가난한 체하여도 재물이 많은 자가 있느니라

심령을 감찰하시는 하나님,
오늘, 저희 가정에 부어주시는 은혜의 물결, 차고 넘치는 사랑에 감격하게 하시옵소서. 그 은혜의 풍성함으로 저희 가정에서 천국을 누리기 원합니다. 오늘, 저희 자녀에게 복이 넘치게 해주시옵소서.
○○(이)가 오늘을 지내면서 하나님께 정직하도록 이끌어 주시옵소서. 실제적으로는 가난하면서도 부자인 척 허세를 부리는 것을 배우지 않게 하시옵소서. 하나님께 대하여 거짓되게 자신을 꾸미지 않도록 성령님께서 도와주시옵소서.
또한 하나님께서 자신에게 주신 것이 많은데도 하나님께 드리는데 인색하지 않도록 하시옵소서. 하나님께 드림에 아까워하지 않게 하시옵소서. 소유의 청지기로서 하나님께서 원하신다면 다 드릴 수 있는 마음이 되게 하시옵소서.
저희 자녀에게 하나님께서 원하신다면 드릴 것을 많이 갖고 있음을 발견하게 해주시기를 빕니다. 그리고 그 모든 것을 주신 하나님께 감사함으로 나아가게 하시옵소서. 오늘, ○○(이)가 누리고 있는 것들이 다 하나님의 것임을 인정해드리는 삶이 되게 하시옵소서.

　　이어서 자녀의 상황에 따라 성령님께서 이끌어주시는 대로 빈다.

예수님의 이름으로 기도드립니다. 아멘

 잠 13:7을 소리를 내어 심장을 깨우듯이 읽으십시오.

19주차 1일

잠 13:12, 소망이 더디 이루어지면 그것이 마음을 상하게 하거니와 소원이 이루어지는 것은 곧 생명 나무니라

마음을 연단하시는 하나님,

저희 부부에게 부모의 말에 귀를 기울일 줄 아는 자녀를 주셔서 감사드립니다. 저희에게 ○○(이)를 만나게 하심은 축복입니다. 저희 가정에 임한 하나님의 은혜가 자녀에게로 이어지기를 소원합니다.

저희 자녀가 부모에게서 배운 대로 기도하며 살아가도록 이끌어주시옵소서. 성령님께서 그에게 무릎을 꿇기를 좋아하게 하시옵소서. 그리하여 그 은혜로 말미암아 하나님께서 ○○(이)를 지혜로운 자녀라 불러 주시옵소서.

사랑하는 저희 자녀가 기도를 하는 중에, 하나님의 응답을 기다리다 낙심하지 않도록 도와주시옵소서. ○○(이)가 간절하게 바라는 바의 성취가 계속 지연되지 않게 하시옵소서. 아직, 신앙에도 어린데 기다림이 계속되어 허탈과 무력의 감정으로 병들게 될까 염려스럽습니다. 저희 자녀에게 기도를 통해서 자신이 원하는 것이 이루어지지 않더라도 그게 바로 하나님의 응답임을 배우게 하시옵소서. 그리고 기도를 하면서 하나님을 자기의 편으로 만들려하지 말고, 자신이 하나님의 편이 되는 것을 배우게 하시옵소서.

    이어서 자녀의 상황에 따라 성령님께서 이끌어주시는 대로 빈다.

예수님의 이름으로 기도드립니다. 아멘

 잠 13:12을 소리를 내어 심장을 깨우듯이 읽으십시오.

19주차 2일

잠 13:20, 지혜로운 자와 동행하면 지혜를 얻고 미련한 자와 사귀면 해를 받느니라

인자하신 주 여호와여,

날이 갈수록 녹음이 짙어가는 걸 봅니다. 저희 가족의 주님을 향한 사랑도 푸르름으로 짙어가게 하시옵소서. 저희 부부의 자녀를 위한 기도도 더욱 간절해지게 하시옵소서. 자녀를 축복하는 통로서의 사명을 거룩하게 여기는 부모가 되게 하시옵소서.

오늘은 ○○(이)에게 하나님을 사랑해드리는 시간이 되게 하시옵소서. "지혜로운 자와 동행하면 지혜를 얻고"라고 축복해주셨습니다. 하나님을 사랑하고, 진리의 말씀으로 살아가게 하시옵소서. 하나님과 함께하면서 오늘을 그에게 복된 날로 만들도록 도와주시옵소서.

성령님께서 ○○(이)의 마음과 생각을 주장해주시옵소서. 성령님의 인도하심에 따라 취해야 할 것과 거절해야 할 것을 구별하게 해주시고, 하나님께 좋은 모습으로 지내게 하시옵소서.

오늘도 사탄의 계획은 ○○(이)의 인생을 망하게 하는 것일 겁니다. 저희 자녀에게 자신을 저주하는 사탄을 대적하게 하시고, 영적인 용사로서 죄악을 대적하여 싸우게 하시옵소서. 하나님의 말씀으로 무장하여 능히 사탄을 대적하게 하시옵소서.

    이어서 자녀의 상황에 따라 성령님께서 이끌어주시는 대로 빈다.

예수님의 이름으로 기도드립니다. 아멘

 잠 13:20을 소리를 내어 심장을 깨우듯이 읽으십시오.

19주차 3일

잠 13:22, 선인은 그 산업을 자자손손에게 끼쳐도 죄인의 재물은 의인을 위하여 쌓이느니라

부르짖게 하시는 여호와여,

오늘도 저희 부부와 자녀에게 성령님의 충만하심이 있어 믿음에서 믿음에 이르게 하심을 경험하게 하시옵소서. 새날을 맞이하면서 자녀에게 믿음을 물려주는 한 날이 되도록 이끌어 주심을 믿습니다. ○○(이)에게 저희 부부의 삶이 롤 모델이 되도록 도와주시옵소서.

저희 가정에 성령님의 기름을 부어주심을 소원합니다. 약속해주신 복이 부모 세대에서 자녀로 이어져 복의 계보를 잇게 하시옵소서. 자녀 세대에게 축복의 통로가 되어야 하는 사명을 잘 감당하는 부모가 되게 하시옵소서.

오늘, 한 날을 지내면서 ○○(이)에게 부모의 신앙을 자기의 것으로 삼으려는 거룩한 도전의 마음을 갖도록 이끌어 주시기를 빕니다. 그래서 이삭과 야곱이 그러했던 것처럼 부모의 하나님을 자신의 하나님으로 부르며 살겠다는 결단을 하기 원합니다.

저희가 부모로서 ○○(이)에게 물려줄 최고의 유산은 하나님이라고 믿습니다. 저희가 살아있는 동안에 하나님을 확실하게 물려주는 부모가 되게 하시옵소서.

  이어서 자녀의 상황에 따라 성령님께서 이끌어주시는 대로 빈다.

예수님의 이름으로 기도드립니다. 아멘

 잠 13:22을 소리를 내어 심장을 깨우듯이 읽으십시오.

19주차 4일

잠 13:23, 가난한 자는 밭을 경작함으로 양식이 많아지거니와 불의로 말미암아 가산을 탕진하는 자가 있느니라

근면하기를 원하시는 하나님,
새 날로 맞아드린 오늘, 하나님께서 저희에게 새날을 주신 뜻대로 살아드리게 하시옵소서. 사랑하는 ○○(이)가 시간의 청지기로서 이 날을 살아가도록 성령님께서 이끌어주시기를 간구합니다. 저희들 각 자에게 기름을 부어 주셔서 천국 백성 된 삶을 살게 하시옵소서.
오늘을 지내면서 저희 자녀에게 부모의 길로 걷게 하시옵소서. 부모의 신앙을 물려받아 약속의 자녀에게 주시는 복에 참여하게 하시옵소서. 세상에서 지내는 동안에, 부모의 행위를 자신의 것으로 삼게 하시옵소서. 부모에게 동행해주셨던 하나님께의 욕심을 내게 하시옵소서.
부모에게서 배운 대로 하나님을 사랑하게 하시고, 주님의 영광을 구하는 것에 삶의 우선순위를 두게 하시옵소서. 무엇을 하든지, 누구를 만나든지, 어디를 가든지 하나님의 보내심으로 받아들이게 하시옵소서.
○○(이)에게 언제나 심은 대로 거두는 삶에 정직하게 하시옵소서. 허황된 생각이나 헛된 욕망을 꿈꾸지 않게 하시며, 자기를 위하여 남들에게 상처를 입히지 않기를 원하게 하시옵소서. 하나님께서 미워하시는 불의한 것에는 손을 대지 않게 하시옵소서.

　　　이어서 자녀의 상황에 따라 성령님께서 이끌어주시는 대로 빈다.
예수님의 이름으로 기도드립니다. 아멘

 잠 13:23을 소리를 내어 심장을 깨우듯이 읽으십시오.

19주차 5일

잠 13:24, 매를 아끼는 자는 그의 자식을 미워함이라 자식을 사랑하는 자는 근실히 징계하느니라

나의 구원이 되어 주시는 하나님,

저희 가정을 여호와 앞에서 복 되게 하셨음에 감사드립니다. 눈동자처럼 지켜주시고, 저희 가정의 형편이나 식구들 각자의 상황에 따라 보호해주심을 믿습니다.

○○(이)가 저희 부부에게 귀하고 사랑스럽다는 이유로 그의 잘못을 그냥 지나치지 않게 하시옵소서. 만일, 죄에 대하여 묵과할 때, 자신의 행위에 대하여 양심의 마비가 초래케 될까 두려워하게 하시옵소서. 궁극적으로는 인격적 파탄과 파멸을 가져오게 할지도 모르겠습니다.

저희 자녀가 하나님께 죄 된 행실을 하였을 때는 부모에게 주신 권위로 나무라게 하시옵소서. 하나님의 대행자로서 자녀에게 매도 들게 하시옵소서. 매를 들어서라도 그에게 자식을 사랑하는 부모의 모습을 보여주게 하시옵소서.

하나님께서도 저희의 죄는 용서하시되, 죄에 대한 책임은 물으십니다. 저희 자녀에게도 어려서부터 성령님께 충만하여 죄에 대한 자신의 책임을 배우게 하시옵소서. 성령님께서 가르쳐 주시는 대로, 죄를 지은 것을 아파하게 하시옵소서.

  이어서 자녀의 상황에 따라 성령님께서 이끌어주시는 대로 빈다.

예수님의 이름으로 기도드립니다. 아멘

 잠 13:24을 소리를 내어 심장을 깨우듯이 읽으십시오.

19주차 6일

잠 13:25, 의인은 포식하여도 악인의 배는 주리느니라

나의 주 여호와여,

성소로 삼아주신 저희 가정에서 하나님께만 영광을 드리는 한 날이 되게 하시옵소서. 저희들의 심령이 주님의 보혈로 적셔지는 은혜, 구원의 감격을 경험하게 하시옵소서. 주님의 피만이 우리를 의롭게 해주심을 믿습니다.

부모와 자녀가 하나님의 영광을 구할 때, 저희 자녀가 삶의 의미를 깨닫도록 도와주시옵소서. ○○(이)가 어려서부터 인생의 목적이 하나님의 영광에 있음을 깨닫게 하시며, '오늘, 여기에서' 하나님께 제물로 드려지는 삶이 되기를 사모하게 하시옵소서.

저희 자녀가 오늘을 지내는 중에, "악인의 배는 주리느니라."라는 말씀을 소홀히 받아들이지 않게 하시옵소서. 악인은 하나님께로부터 물리침을 받기 때문에, 그가 아무리 복을 구하여도 그것은 헛될 뿐임을 잊지 않게 하시옵소서.

그리하여 ○○(이)가 먼저, 복 있는 사람이 되어야 할 것에 도전하게 하시옵소서. 의인의 영혼은 주리지 않게 하시는 하나님을 믿게 하시옵소서. 의인이 자신의 의로 말미암아 하나님의 은혜를 받게 됨으로써 영적으로나 육적으로 부족함이 없게 해주실 것을 믿게 하시옵소서.

　　　　이어서 자녀의 상황에 따라 성령님께서 이끌어주시는 대로 빈다.

예수님의 이름으로 기도드립니다. 아멘

 잠 13:25을 소리를 내어 심장을 깨우듯이 읽으십시오.

19주차 7일

잠 14:1, 지혜로운 여인은 자기 집을 세우되 미련한 여인은 자기 손으로 그것을 허느니라

힘이시며 노래이신 하나님,

저희 가정을 여호와께 드립니다. 사탄이 저희 가정을 자기의 노예로 삼으려 할 때, 대적하게 하시옵소서. 주님께서 갈보리에서 흘리신 보혈을 가정에 뿌리는 은혜를 경험하게 하시옵소서. 아직, 어린 저희 자녀를 하나님께 맡기니 그를 지켜주시옵소서.

오늘, 저희 자녀를 지혜롭게 해주시옵소서. 여인에게 있는 지혜가 집을 세운다고 축복하셨습니다. ㅇㅇ(이)가 하나님의 지혜로 자신의 인생을 세워나가는 은총을 받게 하시옵소서. 하나님의 말씀을 즐거워하며, 그 말씀에 순종하는 하루가 되게 하시옵소서.

하나님의 말씀이 자신의 생각을 주장하도록 이끌어 주시옵소서. 성령님께 충만한 중에, 말씀의 진리를 자기의 것으로 삼도록 하시옵소서. 그리고 순종하는 삶으로 지혜에 이르기를 소원하게 하시옵소서.

오늘을 지내면서 ㅇㅇ(이)가 경험해야 하는 모든 것들에서 하나님의 말씀을 적용하고, 따르게 하시옵소서. 그리고 하나님 아버지의 도우심을 구하는 기도를 쉬지 않게 하시옵소서. 자기 자신의 마음과 생각을 하나님께 올려드리게 하시옵소서.

이어서 자녀의 상황에 따라 성령님께서 이끌어주시는 대로 빈다.

예수님의 이름으로 기도드립니다. 아멘

 잠 14:1을 소리를 내어 심장을 깨우듯이 읽으십시오.

20주차 1일

잠 14:4, 소가 없으면 구유는 깨끗하려니와 소의 힘으로 얻는 것이 많으니라

영원한 반석이신 하나님,
세상에 사람들이 많지만 그 중에서 저희 자녀가 하나님의 자녀가 되었다는 사실에 감격하기를 축복합니다. 하나님께서 저희 가정을 택하시고, 구원에 이르게 하셨음에 감사하게 하시옵소서. 신앙의 가정에서 자라나 천국을 기업으로 약속 받도록 해주셨음에 감사드립니다.
○○(이)에게 하나님의 열심을 묵상하도록 도와주시옵소서. 세상을 지으시고, 그 지으신 것들을 다스리시는 하나님의 부지런함을 배우게 하시옵소서. 예수님께서도 이 세상에서 우리를 사랑하시되, 끝까지 사랑하셨음을 묵상하면서 여호와께 부지런하기를 결단하게 하시옵소서.
성령님께서 ○○(이)에게 시간을 아껴 부지런하도록 강권해주시옵소서. 일하는 소로 말미암아 곳간이 채워지듯이 저희 자녀에게도 오늘을 부지런히 살아 열매를 채워가게 하시옵소서.
사랑하는 ○○(이)가 오늘을 지내면서 줄곧, '너를 위해서 내 몸을 주었는데, 너는 나에게 무엇을 주겠느냐'고 물으시는 주님의 음성을 듣게 하시옵소서. 주님의 보혈로 하나님의 자녀가 되었는데, 그 은혜에 보답해드리는 삶에 주목하게 하시옵소서.

    이어서 자녀의 상황에 따라 성령님께서 이끌어주시는 대로 빈다.

예수님의 이름으로 기도드립니다. 아멘

 잠 14:4을 소리를 내어 심장을 깨우듯이 읽으십시오.

20주차 2일

잠 14:5, 신실한 증인은 거짓말을 아니하여도 거짓 증인은 거짓말을 뱉느니라

영광이 되어주시는 여호와여,
언제나 하나님의 말씀을 지키기를 원하시는 하나님 앞에서 저희 자녀를 축복합니다. ○○(이)에게 무엇을 하든지 말씀을 지키는 복을 자기의 것으로 삼게 하시옵소서. 부모가 말씀을 지키면서 살아가기를 원하듯이, 하나님의 말씀을 생명처럼 여기고 이 날을 지내게 하시옵소서.
○○(이)가 오늘을 살아갈 때, 먼저, 선택을 경험하게 하시옵소서. 자기의 유익에 따라 고려되지 않고, 하나님 앞에서 신실함을 선택하게 하시옵소서. 성령님께 충만해서 하나님의 성품인 신실함을 자기의 것으로 여기도록 도와주시옵소서.
하나님의 신실하심, 우리 주님의 신실하심 그리고 성령님의 신실하심을 사모하여 신실한 자가 되게 하시옵소서. 이 땅에서 하나님의 자녀로 살아가는 삶이 곧 신실함이라는 것을 깨닫게 하시옵소서.
○○(이)에게 거짓은 사탄의 속성이며, 세상은 거짓의 아비에게 속해 있음을 알게 하시옵소서. 그러므로 세상은 거짓을 선택한다는 것을 알기 원합니다. 저희 자녀가 거짓을 거절하면서 살아갈 때, 하나님의 나라가 그만큼 이루어진다는 것을 생각하게 하시옵소서.

　　　이어서 자녀의 상황에 따라 성령님께서 이끌어주시는 대로 빈다.
예수님의 이름으로 기도드립니다. 아멘

 잠 14;5을 소리를 내어 심장을 깨우듯이 읽으십시오.

20주차 3일

잠 14:7, 너는 미련한 자의 앞을 떠나라 그 입술에 지식 있음을 보지 못함이니라

포도원지기가 되어 주시는 하나님,
저희 자녀에게 죄와 사망에서 주님의 피로 구원 받은 사실을 새롭게 묵상하게 하시옵소서. 하나님께서 아버지가 되어주셨음을 감사하는 마음으로 한 날을 지내게 하시옵소서. 그 은혜에 응답하여 언제, 어디에서, 어떤 형편에 있든지 말씀을 지키도록 축복합니다.
오늘, ○○(이)에게 거절과 떠남에 대한 지혜를 경험하도록 도와주시옵소서. 오늘도 지혜를 구하며, 지식을 구하는 한 날이 되게 하시옵소서. 그러므로 자신에게 아무 유익이 되지 않는 미련한 행동이나 미련한 사람에게서는 떠나게 하시옵소서.
○○(이)가 오늘을 지내면서 하나님을 사랑해드리게 하시옵소서. 하나님의 말씀을 가까이하여 천국을 소망하며 지내도록 도와주시옵소서. 저희 자녀가 하나님을 사랑하는데 결코 유익이 되지 못하는 것들에 대하여서는 거절하게 하시옵소서.
만일, 어떤 사람이 하나님을 가까이 하는데 방해가 된다면 그에게서 떠나게 하시옵소서. 우물쭈물하지 않고, 단호하게 그리고 담대히 떠나도록 성령님께서 강권해주시옵소서.

　　　이어서 자녀의 상황에 따라 성령님께서 이끌어주시는 대로 빈다.

예수님의 이름으로 기도드립니다. 아멘

 잠 14:7을 소리를 내어 심장을 깨우듯이 읽으십시오.

20주차 4일

잠 14:9, 미련한 자는 죄를 심상히 여겨도 정직한 자 중에는 은혜가 있느니라

긍휼히 여기시는 하나님,
하나님께서 주시기로 약속해주신 천국을 사모하도록 오늘, 저희 가정을 축복합니다. 그리고 저희 자녀가 그 축복을 받아 누리기를 빕니다. 이스라엘 백성이 받았던 가나안 땅과는 비교할 수 없이 아름다울 것입니다. ○○(이)가 종일을 지내면서 천국을 바라보게 하시옵소서.
"정직한 자 중에는 은혜가 있느니라."라고 축복해주셨습니다. 저희 자녀가 여호와께 두려움으로 죄를 대하게 하시옵소서. 죄를 하찮은 것으로 여긴다거나 죄악을 즐기지 않게 하시옵소서. 그에게 회개가 자기를 위한 보루로 여기지 않도록 성령님께서 강권해주시기를 빕니다.
○○(이)가 하나님 앞에서 죄에 대하여 정직하게 하시옵소서. 주님께서 십자가에서 흘리셔야만 했던 보혈의 의미를 훼손시키지 않게 하시옵소서. 예수님의 피로 죄를 씻음 받았으니, 다시는 죄로 자기를 더럽히지 않겠다고 결단하면서 지내도록 도와주시옵소서.
행악을 거절하고, 거룩하기를 힘쓰게 하시옵소서. 죄를 지으면서 즐겼던 시간들이 역겨워지게 하시옵소서. 친구를 좋아하고, 그의 마음을 상하게 하지 않기를 원하여 죄악에는 손을 대시 않게 하시옵소서.

   이어서 자녀의 상황에 따라 성령님께서 이끌어주시는 대로 빈다.

예수님의 이름으로 기도드립니다. 아멘

 잠 14:9을 소리를 내어 심장을 깨우듯이 읽으십시오.

20주차 5일

잠 14:12, 어떤 길은 사람이 보기에 바르나 필경은 사망의 길이니라

우리를 소성케 하시는 주여,

○○(이)에게 여호와께서 자기를 존귀하게 여기심을 확인하게 하시옵소서. 자신이 천국 백성이라는 자존감을 확인하도록 도와주시옵소서. 자신이 홀로 떨어져 있지 않고, 하나님의 계획 속에서 하나님의 뜻을 이루어드리는 삶으로 오늘을 맞이하고 있음을 깨닫기 원합니다.

오늘, 저희 자녀에게 어제와 같이 하나님께 이끌리어 내려주시는 은총에 소망을 두는 한 날이 되게 하시옵소서. 성령님께서 그의 지각을 깨우쳐서 하나님께 자녀로서 살아가려는 의무감을 인식하도록 이끌어 주시옵소서.

순간, 순간을 지내면서 ○○(이)에게 사람의 시각은 거절하고, 하나님의 눈으로 바라보게 하시옵소서. 그로 말미암은 선택이 다른 이들에게서 따돌려지는 취급이 된다 해도, 그것이 하나님께서 원하시는 것이라면 용감한 외톨이가 되게 하시옵소서.

○○(이)가 언제나 선택의 기준을 하나님께 두기 원합니다. 하나님의 뜻을 따르지 않아, 방종함에 이르지 않도록 지켜주시옵소서. 사람이 좋아하는 것에는 사람들이 많이 모이겠지만 그것이 곧 하나님께서 기뻐하시지 않는 것일 수 있음을 기억하게 하시옵소서.

　　　이어서 자녀의 상황에 따라 성령님께서 이끌어주시는 대로 빈다.

예수님의 이름으로 기도드립니다. 아멘

 잠 14:12을 소리를 내어 심장을 깨우듯이 읽으십시오.

20주차 6일

잠 14:17, 노하기를 속히 하는 자는 어리석은 일을 행하고 악한 계교를 꾀하는 자는 미움을 받느니라

기다리는 자에게 복이 되시는 하나님,
새 날을 맞이한 지금, 저희 가정을 하나님의 인도하심에 맡겨드립니다. 오늘을 지낼 때, 저희 부부와 자녀에게 소견대로 살지 않도록 이끌어주시옵소서. 인간의 마음이 만물보다 거짓되고, 심히 부패하여 하나님께 죄를 지을 뿐입니다. 성령님께서 이끌어 주시옵소서.
오늘, 저희 자녀에게서 육신의 것에 속해있는 두 가지를 멀리하도록 도와주시옵소서. 곧 쉽게 화를 내는 것과 남을 올무에 빠뜨리려고 속이는 행위입니다. 그의 심령을 옛 사람의 습관에 내어주지 않도록 성령님께 충만한 심령으로 만들어 주시옵소서.
하찮은 말다툼이나 무익한 논쟁으로 분을 내지 않게 하시옵소서. 분을 조절하지 못하여 다툼을 유발하는 자가 되지 말게 하시옵소서. 친구들과 이웃에 대하여 화목을 도모하는 자가 되게 하시옵소서.
아울러, ○○(이)가 이웃에게 악을 꾀하지 않도록 이끌어 주시옵소서. 이웃을 대할 때, 사랑으로 쳐다보게 하시며, 자신이 먼저, 손해를 보려는 마음으로 다가가게 하시옵소서. 자신의 이익을 구하려는 생각으로 친구를 대하지 않도록 강권해주시옵소서.

    이어서 자녀의 상황에 따라 성령님께서 이끌어주시는 대로 빈다.
예수님의 이름으로 기도드립니다. 아멘

 잠 14:17을 소리를 내어 심장을 깨우듯이 읽으십시오.

20주차 7일

잠 14:21, 이웃을 업신여기는 자는 죄를 범하는 자요 빈곤한 자를 불쌍히 여기는 자는 복이 있는 자니라

우리의 왕이신 하나님,
하나님 앞에서 땅의 구별을 갖고 살아가도록 가르쳐 주시옵소서. 저희 자녀에게 오늘을 지내면서, 하나님의 선민으로서 그가 밟아야 할 곳과 밟아서는 안 될 곳을 구별하는 삶이 되기를 원합니다. 어떤 이익을 얻는다 해서, 가서는 안 될 곳을 기웃거리지 않게 하시옵소서.
오늘을 지내면서 ○○(이)에게 하나님의 뜻을 이룸에 주목하는 한 날이 되게 하시옵소서. 이미 하늘에서 이루어진 하나님의 뜻이 이 땅에서 이루어지도록 하는 것에 자신이 쓰임을 받아야 한다는 사명감을 의식하기를 원합니다.
이로써 ○○(이)가 이웃을 대할 때 하나님께 먼저, 집중하게 하시옵소서. 오늘도 사람들과 만나게 될 때, 편견을 갖고 대하지 않도록 도와주시옵소서. 더욱이 무시한다거나 비난하는 눈으로 대하는 경우가 없게 하시옵소서. 그들을 자신보다 낫게 여기는 마음을 주시옵소서.
이웃을 대하면서 하나님의 일하심을 경험하게 하시고, 하나님의 사람이 되어 이웃을 섬기게 하시옵소서. 그 섬김으로 말미암아 이웃을 사랑하고, 주님의 불쌍히 여기심으로 그들을 대하게 하시옵소서.

      이어서 자녀의 상황에 따라 성령님께서 이끌어주시는 대로 빈다.
예수님의 이름으로 기도드립니다. 아멘

 잠 14:21을 소리를 내어 심장을 깨우듯이 읽으십시오.

21주차 1일

잠 14:23, 모든 수고에는 이익이 있어도 입술의 말은 궁핍을 이룰 뿐이니라

우리의 분깃이 되어 주시는 하나님,
저희 가정에, 은혜로 주신 여호와의 뜻과 사랑에 만족하며 하루를 지내게 하시옵소서. 저희 자녀가 오늘, 여호와께 복 되게 하시옵소서.
○○(이)에게 보상의 원리를 가르쳐 주시옵소서. 이익을 얻기 위해서 수고하기보다, 수고에 따른 결과로 이익을 누리게 됨을 배우게 하시옵소서. 언제나 생각의 방점은 동기와 과정에 찍고, 결과는 감사함으로 받아들이게 하시옵소서.
저희 자녀가 심고 거둠의 법칙을 배워서 하나님의 뜻에 순종하기를 원합니다. 목적을 얻기 위해서 과정을 소중히 여기도록 도와주시옵소서. ○○(이)가 힘을 다하여 수고를 하였다면 하나님께서 '풍성한 소득'을 얻게 해주신다는 것을 기억하게 하시옵소서.
저희 자녀에게 하나님의 일하심을 가르쳐 주시옵소서. ○○(이)가 수고하지 않으면 결코, 자신이 원하는 것을 얻을 수 없음을 배우기 원합니다. 입으로 말하기는 적게 하고, 땀을 흘려야 하는 수고를 즐거워하게 하시옵소서. 지금, 공부를 해야 하는 시기에, 수고하기를 '단 마음'으로 받아들이도록 성령님께서 감동해주시옵소서.

　　　이어서 자녀의 상황에 따라 성령님께서 이끌어주시는 대로 빈다.
예수님의 이름으로 기도드립니다. 아멘

 잠 14:23을 소리를 내어 심장을 깨우듯이 읽으십시오.

21주차 2일

잠 14:26, 여호와를 경외하는 자에게는 견고한 의뢰가 있나니 그 자녀들에게 피난처가 있으리라

오늘도 지키시는 하나님,

저희 자녀에게 이렇게도 믿음이 없는지 몰랐습니다. 정직하게 본다면 ○○(이)에게는 처음부터 믿음이 없었던 거 같습니다. ○○(이)의 구원에 대하여 확인하지 못한 죄를 용서해주시옵소서. 부모에게 보이기 위해서 신앙생활을 했고, 교회에서는 종교적인 행동으로 일관했습니다. ○○(이)를 불쌍히 여겨주시고, 그가 예수님을 그리스도로 고백하게 하시옵소서. "여호와를 경외하는 자에게는 견고한 의뢰가 있나니"라고 축복해주셨습니다. 하나님께서 저희 가정에 견고한 피난처가 되어주셨던 은혜를 ○○(이)에게도 이어주시옵소서.

○○(이)가 부모의 신앙을 자기의 것으로 삼아, 하나님을 의뢰하게 하시옵소서. 인생이 무엇에 자기를 의뢰하여 평안을 얻겠습니까? 오직 하나님만이 인생에게 보호자가 되심을 저희 자녀가 깨닫기 원합니다. 성령님께서 ○○(이)에게 하나님만 의지하도록 이끌어 주시옵소서. 오늘, 한 날을 지내면서 하나님을 경외하는 삶에 집중하도록 도와주시옵소서. 그리하여 감당할 수 없는 위기에 몰릴지라도 하나님께서 피난처가 되어주심을 믿게 하시옵소서.

　　　이어서 자녀의 상황에 따라 성령님께서 이끌어주시는 대로 빈다.

예수님의 이름으로 기도드립니다. 아멘

 잠 14:26을 소리를 내어 심장을 깨우듯이 읽으십시오.

21주차 3일

잠 14:30, 평온한 마음은 육신의 생명이나 시기는 뼈를 썩게 하느니라

기도를 들으시는 주여,

하나님 앞에서 살아드려야 하는 오늘, 먼저, 하나님의 나라를 구하는 저희가 되게 하시옵소서. ○○(이)가 하루의 삶을 계획할 때, 그에게 원하시는 하나님의 뜻에 집중하게 하시옵소서. 오직 성령님께 충만해서 하나님 앞에서 오늘이 의미가 있기를 구하게 하시옵소서.

주님께서 우리에게 주신 최고의 선물은 자유라고 깨닫습니다. 저희 자녀가 오늘을 지내면서 참 된 자유를 누리게 하시옵소서. 자신의 마음을 지켜 주님께로부터 받은 평안의 상태를 잃지 않도록 주의하여 지키기를 원합니다. 마음의 평안에 주목하는 한 날이 되게 하시옵소서. 오늘도 ○○(이)가 주님의 평안으로 자신을 다스리게 하시옵소서. 그 평안으로 그의 몸에 원기와 생기를 얻게 하셨습니다. 오늘의 삶이 축복이 되게 하시려고 평안을 주셨으니 잘 간직하게 하시옵소서.

○○(이)에게 남을 시기하지 않도록 도와주시옵소서. 시기로 말미암아 마음에 동요가 일어나고, 흥분이 격렬해지지 않게 하시옵소서. 이로써 흥분된 상태에서 평안을 잃게 될까 염려스럽습니다. 마음을 상하지 않게 하도록 성령님께서 강권해주시옵소서.

    이어서 자녀의 상황에 따라 성령님께서 이끌어주시는 대로 빈다.

예수님의 이름으로 기도드립니다. 아멘

 잠 14:30을 소리를 내어 심장을 깨우듯이 읽으십시오.

21주차 4일

잠 14:31, 가난한 사람을 학대하는 자는 그를 지으신 이를 멸시하는 자요 궁핍한 사람을 불쌍히 여기는 자는 주를 공경하는 자니라

찬양이 되시는 하나님,
주님께서 세상을 오심을 기다리는 저희 가정을 축복합니다. 오늘, 예수님과 하나 되어 지내게 하시옵소서. ○○(이)에게 주님께서 세상에 다시 오시기를 기다리며 살게 하시옵소서.
오늘, ○○(이)에게 집 밖으로 나가서 보게 되는 모든 것들로부터 하나님의 창조를 생각하게 하시옵소서. 그리하여 사람들을 볼 때도 하나님께서 사랑하시는 존재라는 것을 인정하게 하시옵소서.
○○(이)가 가난한 사람을 대하게 될 때, 하나님을 생각하기 원합니다. 가난한 사람을 무시하지 말게 하시며, 그의 외모를 보고 함부로 대하지 않게 하시옵소서. 측은히 여기게 하시며, 어떤 모양으로든지 도움의 손을 펴게 하시옵소서. 받은 사랑을 나누게 하시옵소서.
오늘이라는 시간이 하나님 앞에서 살아가는 기회라면, ○○(이)에게 가난한 사람을 대하는 것도 하나님 앞에서 살아가는 기회가 되게 하시옵소서. 가난한 사람이 궁핍함으로 쩔쩔맬 때, 그에게 사랑을 손길을 펴게 하시옵소서. 이로써 하나님을 공경함을 나타내게 하시옵소서.

　　　이어서 자녀의 상황에 따라 성령님께서 이끌어주시는 대로 빈다.

예수님의 이름으로 기도드립니다. 아멘

 잠 14:31을 소리를 내어 심장을 깨우듯이 읽으십시오.

21주차 5일

잠 14:32, 악인은 그의 환난에 엎드러져도 의인은 그의 죽음에도 소망이 있느니라

요새이시며 산성이신 주여,
새 날을 선물로 받은 지금, 저희 가정이 축복의 공동체가 되기를 소망합니다. 오늘, 아침부터 저녁까지 저희 자녀에게 복 된 날이 되게 하시옵소서. ○○(이)에게 한이 없는 은혜를 베풀어 주신 하나님께 생명을 모두 드리는 결단으로 한 날을 지내게 하시옵소서.
저희 자녀에게 오늘의 삶이 복을 짓는 기회가 되게 하시며, 죄는 거절하는 시간이 되게 하시옵소서. ○○(이)가 언제나 자기 앞에 복과 죄가 있음에 유의하여 복이 되는 삶을 선택하기를 원합니다. 죄로부터 구원해주신 주님의 보혈에 감사드리는 한 날이 되게 하시옵소서.
오늘을 지낼 때, 악인을 심판하시는 하나님을 기억하게 하시옵소서. 악인에 대한 하나님의 심판은 환난 때, 엎드러지도록 하신다고 하셨습니다. 그 심판이 ○○(이)에게 임하지 않기를 축복합니다.
주 안에서 지내게 되는 오늘, 저희 자녀를 의인이라 불러 주시옵소서. 인간의 죄 값으로 피 흘려 죽으신 주님의 십자가가 헛되지 않도록 의인의 삶이 되게 하시옵소서. ○○(이)가 의인으로 살아가는 것에 자신의 생명을 두게 하시옵소서.

   이어서 자녀의 상황에 따라 성령님께서 이끌어주시는 대로 빈다.
예수님의 이름으로 기도드립니다. 아멘

 잠 14:32을 소리를 내어 심장을 깨우듯이 읽으십시오.

잠언으로 자녀를 축복하는 읽는 기도 ①

21주차 6일

잠 14:35, 슬기롭게 행하는 신하는 왕에게 은총을 입고 욕을 끼치는 신하는 그의 진노를 당하느니라

은혜로우신 하나님,
저희 자녀에게 자신을 다스릴 수 있는 지혜와 능력을 주시옵소서. 하나님께 거북한 존재가 아니라 거룩한 인생이 되기를 원합니다. 하나님의 사람으로 자기를 준비시킴에 즐거워하게 하시옵소서.
○○(이)에게 가정에서는 부모, 교회에서는 어른들의 모습에서 자신을 준비시켜 가도록 이끌어 주시옵소서. 이로써 여호와께 슬기로운 자로 자라게 도와주시옵소서. 가정이 교회이면서, 교회가 가정이 되어 사랑하는 ○○(이)가 공급받아야 할 것을 충분히 채워지게 하시옵소서.
오늘을 지내면서 저희 자녀가 슬기로움으로 말미암아 하나님께 은총을 받는 날이 되기를 빕니다. ○○(이)가 마음으로 품고, 생각하며, 행동하는 모든 것에서 하나님께 더욱 사랑스러워가게 하시옵소서. 혹시라도 자신의 과실, 습관적인 죄로 죄를 짓지 않도록 하시옵소서.
○○(이)가 지내야 하는 오늘의 삶이 여호와의 백성으로서의 한 날이 되게 하시옵소서. 하나님의 왕국에서 충성스런 신하의 모습으로 서게 하시옵소서. 저희 자녀의 나이와 신분에 맞게, 하나님께서 찾으시는 사람으로 살아가는 오늘로 만들어 주시옵소서.

　　　　이어서 자녀의 상황에 따라 성령님께서 이끌어주시는 대로 빈다.
예수님의 이름으로 기도드립니다. 아멘

 잠 14:35을 소리를 내어 심장을 깨우듯이 읽으십시오.

21주차 7일

잠 15:1, 유순한 대답은 분노를 쉬게 하여도 과격한 말은 노를 격동하느니라

대적을 막아주시는 여호와여,

죄인 된 인간이라 자신의 의를 의지할 수 없음을 고백합니다. 저희 자녀가 오직 주님의 공로와 긍휼을 의지하여 영생에 이르도록 도와주시옵소서. ○○(이)가 하나님께 엎드려서 주님을 향하여 불쌍히 여겨달라고 외치게 하시옵소서.

오늘이 바로, ○○(이)를 주님께서 긍휼히 여겨주시는 날이라 믿습니다. 오늘, 저희 자녀에게 불쌍히 여겨주신다는 음성을 듣게 하시옵소서. 그 불쌍히 여겨주심에서 비로소 유순하게 될 것을 확신합니다.

주님께서 이 땅에 계실 때의 유순함을 ○○(이)에게 가르쳐 주시옵소서. 저희 자녀가 성령님의 감동으로 유순하셨던 주님을 사모하게 하시옵소서. 아직도 남아있는 죄의 본성은 ○○(이)를 과격하게 하고, 이웃에 대하여 격동하게도 합니다. 용서해주시옵소서.

이 날을 지내는 중에, ○○(이)의 말이나 행동에서 유순함이 보여 지도록 도와주시옵소서. 죄의 본성적인 습관에 자기를 내어주어 과격하게 행동하지 않도록 제어해주시옵소서. 성령님께서 강권해주심으로 주님의 유순함을 경험하는 한 날이 되게 하시옵소서.

이어서 자녀의 상황에 따라 성령님께서 이끌어주시는 대로 빈다.

예수님의 이름으로 기도드립니다. 아멘

 잠 15:1을 소리를 내어 심장을 깨우듯이 읽으십시오.

22주차 1일

잠 15:3, 여호와의 눈은 어디서든지 악인과 선인을 감찰하시느니라

인자하심이 크신 하나님,
저희 자녀를 주님께서 보배로운 피로 값 주고 사신 것이 되셨으니 그 사랑에 감사하며 한 날을 열게 하시옵소서. ○○(이)에게 하나님을 주목하게 하시며, 복 된 날이 되게 하시옵소서. 오늘이 그에게 축복이기를 선언합니다.
오늘도 악인과 선인을 감찰하시는 하나님 앞에서 잠시의 짧은 순간에라도 하나님을 떠나지 않게 하시옵소서. 한 순간도 놓치지 않으시고, 저희 자녀를 추적하시는 하나님을 인정해드리게 하시옵소서. 자기의 행위를 핑계할 수 없는 하나님 앞에서 오히려 정직하게 하시옵소서.
○○(이)가 고의로 하나님이 없는 사람처럼 행동하지 않게 하시옵소서. 그가 늘 성령님께 충만하게 이끌려 하나님의 면전에 서도록 도와주시옵소서. 실수를 하거나 죄를 지었을 때는 즉시 무릎을 꿇어 회개하도록 이끌어주시옵소서.
자신을 속여 2중으로 죄의 고통을 겪게 될까 두렵습니다. ○○(이)가 자라면서 보아온 그대로 하나님께 엎드리는 삶을 배우게 하시옵소서. 저희 부부가 지내오면서 누렸던 회개의 은총을 ○○(이)에게도 자기의 것으로 받아들이게 하시옵소서.

　　　이어서 자녀의 상황에 따라 성령님께서 이끌어주시는 대로 빈다.
예수님의 이름으로 기도드립니다. 아멘

 잠 15:3을 소리를 내어 심장을 깨우듯이 읽으십시오.

22주차 2일

잠 15:4, 온순한 혀는 곧 생명나무이지만 패역한 혀는 마음을 상하게 하느니라

영원히 다스리시는 하나님,

저희 부부와 자녀에게 악하지 않고, 선하게 지내는 하루로 만들어 주시옵소서. 저희가 선해질 때, 하나님께 속하게 해주실 것을 믿습니다. 저희 자녀가 종일을 지내면서 진리에 따라 살아가기를 축복합니다.

오늘, 하나님 앞에서 ○○(이)가 선한 싸움을 다 싸우게 하시옵소서. 그의 선한 싸움이 이웃과의 관계에서도 증거가 되기를 빕니다. 자신이 주님의 사람이므로 주님의 입술로 상대를 대하게 하시옵소서. 그리하여 ○○(이)의 말에, 상대가 마음의 상처를 치유하고, 회복하게 되어 건강한 영적 생기를 얻도록 도와주시옵소서.

주님을 만났던 이들이 잃어버렸거나 빼앗겼던 기쁨을 회복했듯이 저희 자녀가 오늘 만나는 이들에게 회복을 선물하게 하시옵소서. 그들이 ○○(이)로부터 그리스도를 만나게 하시옵소서.

자기의 마음에 하나님이 없는 자들에게서는 패역한 말, 곧 거짓말과 왜곡된 말만 들어왔을 것입니다. 저희 자녀에게 언어의 축복을 경험하게 하시옵소서. 종일을 지내면서 만나는 사람들과 대화를 할 때, 그들에게 생명을 선물하는 ○○(이)가 되게 하시옵소서.

이어서 자녀의 상황에 따라 성령님께서 이끌어주시는 대로 빈다.

예수님의 이름으로 기도드립니다. 아멘

 잠 15:4을 소리를 내어 심장을 깨우듯이 읽으십시오.

22주차 3일

잠 15:8, 악인의 제사는 여호와께서 미워하셔도 정직한 자의 기도는 그가 기뻐하시느니라

대대로 통치하시는 하나님,

오늘, 저희 가정에서 하나님을 기쁘시게 해드림이 넘치게 하시옵소서. 가족 모두에게 하나님의 계명대로 모든 것을 진리 가운데 행하게 하시옵소서. 이로써 저희 자녀도 진리의 교훈 안에 거하기를 원합니다.

저희 부부가 하나님께 가증한 모습을 보여드리지 않으려고 유의한 것을 ○○(이)가 배우게 하시옵소서. 저희 자녀가 자기의 심령에 하나님을 모시고 지내는 삶으로 이끌어 주시옵소서. 그리하여 그의 삶이 '악인의 제사'가 되지 않기를 빕니다.

오늘을 지내면서, ○○(이)가 취하는 성도의 행실이 의례적인 형식과 율법의 외적 준수에만 집착하지 않도록 도와주시옵소서. 오직 성령님께 충만해서 오늘의 삶이 '의인의 제사'가 되도록 이끌어 주시옵소서. 겉으로 드러나는 것보다 자기 자신에게 주목하게 하시옵소서.

친구들과 어울려 지낼 때, 성령님의 감동에 마음을 맡겨 순종하게 하시옵소서. 성령님께서 애타게 해주시는 심령으로 기도하게 하시옵소서. 자신의 의지적이거나 어떤 의무감으로 행동하지 않고, 성령님께 충만하게 하시옵소서.

　　　이어서 자녀의 상황에 따라 성령님께서 이끌어주시는 대로 빈다.

예수님의 이름으로 기도드립니다. 아멘

 잠 15:8을 소리를 내어 심장을 깨우듯이 읽으십시오.

22주차 4일

잠 15:12, 거만한 자는 견책 받기를 좋아하지 아니하며 지혜 있는 자에게로 가지도 아니하느니라

우리를 품어주시는 주여,
저희 부부와 자녀에게 주님을 더욱 사랑하게 하시며, 예수님을 사랑하는 것이 진정 사랑이 되기를 체험하게 하시옵소서. 저희 자녀가 자신의 삶에 하나님의 동행하심을 확인하고, 즐거워하게 하시옵소서.
하나님께서 ○○(이)에게 손을 내밀어 붙잡아 주심을 마음으로 경험하게 하시옵소서. 이를 위해서 아직도 자신에게 거만함이 있는가를 돌아보게 하시옵소서. '남은 거만함' 때문에 복음이 전해지지 않는 행실이 되지 않게 하시옵소서.
오늘, ○○(이)가 사람의 길이 여호와의 눈 앞에 있다는 것에 집중하게 하시옵소서. 죄인은 자신의 죄로 말미암아 하나님을 하나님이라고 인정하지 않음을 기억하도록 도와주시옵소서. 아직도 자신에게 남아있는 죄의 성품으로 하나님께 습관적이 되지 않도록 하시옵소서.
만일, ○○(이)가 하나님의 존재를 인식하지 않음에도 자연스럽게 하루를 지내고 있다면, 성령님께서 그의 심령을 두드려 주시옵소서. 하나님을 주목하지 않은 삶을 죄로 여기게 하시며, 회개에로 이끌어 주시옵소서. 하나님께 대한 간절함을 주시옵소서.

　　　이어서 자녀의 상황에 따라 성령님께서 이끌어주시는 대로 빈다.

예수님의 이름으로 기도드립니다. 아멘

 잠 15:12을 소리를 내어 심장을 깨우듯이 읽으십시오.

22주차 5일

잠 15:13, 마음의 즐거움은 얼굴을 빛나게 하여도 마음의 근심은 심령을 상하게 하느니라

거룩함을 지키게 하시는 하나님,
6월을 맞이하여 들에 피어 있는 꽃들은 그 색을 더욱 진하게 하고 있습니다. 꽃잎의 색이 붉어지듯이 저희 가정에서 하나님께의 사랑도 더욱 짙어지게 하시옵소서. 오직 하나님을 향한 사랑으로 저희의 가슴을 드리게 하시옵소서.
이 달에도 저희 자녀에게 하늘을 바라보게 하시옵소서. 그에게 즐거움이나 기쁨이 하나님께로부터 있게 하시옵소서. 매일, 하나님의 임재를 즐거워하면서 그의 심령이 평안하기를 빕니다. 하나님의 임재로 그의 영성이 풍성함에 이르게 하시옵소서.
성령님께서 저희의 마음에 충만하실 때, 마음이 즐겁고, 평안해짐을 고백합니다. ○○(이)에게 마음을 지키도록 은혜를 내려 주시옵소서. 생기와 평안이 그의 마음에서 비롯됨을 깨달아 성령님께 충만하여 마음을 다스리게 하시옵소서.
저희 자녀가 마음을 지킴에 소홀하거나 둔해서 죄가 들어오지 않도록 도와주시옵소서. 거룩하지 않은 것들에 마음을 내어준다거나 사탄의 미혹에 둔해져서 죄를 짓지 않도록 막아주시옵소서.

    이어서 자녀의 상황에 따라 성령님께서 이끌어주시는 대로 빈다.

예수님의 이름으로 기도드립니다. 아멘

 잠 15:13을 소리를 내어 심장을 깨우듯이 읽으십시오.

22주차 6일

잠 15:17, 채소를 먹으며 서로 사랑하는 것이 살진 소를 먹으며 서로 미워하는 것보다 나으니라

피할 반석이 되어 주시는 하나님,

어제, 분명히 알았습니다. 사탄이 ○○(이)에게 있는 죄의 본성을 쑤셔서 저희 부부를 공격하고 있음을 발견하게 해주셨습니다. 사탄에게 자신을 노략거리로 내어준 저희 자녀를 불쌍히 여겨주시옵소서. 그에게 성령님께 충만하여 사탄의 미혹에 대적하도록 도와주시옵소서.

"채소를 먹으며 서로 사랑하는 것이"라고 축복해주셨습니다. 저희 자녀를 오늘, 하나님 앞에서 사랑하는 사람으로 세워주시옵소서. 우리가 살아가는 동안에 힘써야 될 것은 바로 사랑이라는 것을 깨닫도록 도와주시옵소서. 사랑의 존재로 지음을 받았음을 확인하게 하시옵소서.

○○(이)가 살아가는 동안에, 사랑에 관심을 갖게 하시옵소서. 부모와 자녀, 형제들과 관계에서 그리고 친구들과의 사이에서 사랑으로 살아가도록 이끌어주시옵소서.

오늘을 지내면서 ○○(이)에게 무엇보다도 사랑에 우선하게 하시옵소서. 자기에게 필요한 것들을 생각하기 전에, 무엇보다도 사랑이 먼저, 라는 것을 알도록 도와주시옵소서. 사람들을 대할 때, 사랑하라고 하나님께서 자기 앞에 있도록 하셨음을 깨닫게 하시옵소서.

    이어서 자녀의 상황에 따라 성령님께서 이끌어주시는 대로 빈다.

예수님의 이름으로 기도드립니다. 아멘

 잠 15:17을 소리를 내어 심장을 깨우듯이 읽으십시오.

22주차 7일

잠 15:20, 지혜로운 아들은 아비를 즐겁게 하여도 미련한 자는 어미를 업신여기느니라

시온에 계시는 하나님,
저희 가족을 불쌍히 여겨주시옵소서. 마음을 새롭게 하여 하나님의 나라를 바라보며, 십자가에서 보혈을 흘려주신 그 사랑의 풍성함을 기억하게 하시옵소서. 하나님 앞에서 오늘을 지내면서 지혜는 선택하고, 미련함은 거절하게 하시옵소서.
○○(이)가 인생의 삶이 지혜와 미련함의 관계 안에 있음을 깨닫기 원합니다. 자신을 주의하여 늘 지혜로운 편에 서도록 도와주시옵소서. 성령님께 충만해서 자신을 다스리게 하시옵소서. 한 순간에라도 미련하여 지혜를 거절함으로써 하나님께 악해지지 않도록 막아주시옵소서.
오늘을 지내면서 ○○(이)가 지혜롭기 위하여 하나님을 찾게 하시옵소서. 성령님의 감동에 따라 지혜로운 자의 길에 서게 하시고, 그의 삶이 착한 행실이 되도록 이끌어주시기를 빕니다. 이로써 남에게 유익을 주고, 자신에게도 즐겁게 하시옵소서.
미련하게 되면 그의 행동이 하나님께 선을 이루어드리지 못함이 된다는 것을 잊지 않게 하시옵소서. 이 세상의 흐름을 따라 미련하게 살다가 하나님을 대적하지 않게 하시옵소서.
　　　이어서 자녀의 상황에 따라 성령님께서 이끌어주시는 대로 빈다.
예수님의 이름으로 기도드립니다. 아멘

 잠 15:20을 소리를 내어 심장을 깨우듯이 읽으십시오.

23주차 1일

잠 15:22, 의논이 없으면 경영이 무너지고 지략이 많으면 경영이 성립하느니라

성실하심이 대대에 이르시는 하나님,

저희 자녀가 하나님을 사랑하는 마음으로 지내기를 축복합니다. ○○(이)에게 하나님께서 참으로 지켜주기를 원하시는 계명을 따르게 하시옵소서. 죄를 지었을 때는 즉시 회개하여 용서받는 은혜를 누리게 하시옵소서. 종일을 지내면서 하나님과의 사귐을 경험하게 하시옵소서.

저희 자녀가 어려서부터 이웃과 함께 하는 삶을 배우기 원합니다. 하나님께서 주신 친구들과 자기 주변의 사람들을 삶의 동행자로 받아들이게 하시옵소서. 가르침을 받을 사람, 자기가 끌어주어야 하는 사람을 발견하게 하시옵소서.

○○(이)에게 결코, 혼자서 살아가겠다는 생각을 하지 않게 하시옵소서. 자신의 이기적인 아집이나 독단의 행동을 거절하도록 도와주시옵소서. 우리 주님께서 지상에 계실 때, 늘 기도하시면서 하나님과 동행을 하셨던 것처럼, 저희 자녀에게도 이웃으로 주신 지체들에게 마음을 열어 받아들이게 하시옵소서.

그들과 이야기를 하며, 때로는 고민을 나누기도 하게 하시옵소서. 어려서 만난 이들과 평생을 교제하며 인생의 길에 동반하게 하시옵소서.

    이어서 자녀의 상황에 따라 성령님께서 이끌어주시는 대로 빈다.

예수님의 이름으로 기도드립니다. 아멘

 잠 15:22을 소리를 내어 심장을 깨우듯이 읽으십시오.

23주차 2일

잠 15:25, 여호와는 교만한 자의 집을 허시며 과부의 지계를 정하시느니라

긍휼이 많으신 하나님,
저희 자녀가 살아가는 오늘, 하나님 앞에서 거짓 교훈들을 거절하기를 축복합니다. 진리가 아닌 신화와 족보이야기, 잘못된 주장 등을 거절하도록 도와주시옵소서. 그리고 오직 주님의 말씀, 바른 교훈을 가까이 하여, 생명을 얻고 영생과 상을 얻게 하시옵소서.
○○(이)에게 오늘을 지내면서 하나님께서 각 사람의 소유를 지켜주심에 대하여 배우게 하시옵소서. 과부의 지계를 정하시는 하나님께 감사하면서 살아가기를 결단하게 하시옵소서. 스스로 자기를 지킬 수 없는 연약한 사람을 지켜주시는 하나님의 은혜를 묵상합니다.
그 은혜로 저희 자녀도 하나님의 보호를 받고 있다는 사실을 확인하게 하시옵소서. 우리를 위하시는 하나님의 자비하심에 찬송을 드리게 하시옵소서. 하나님의 은혜를 기억하며 지내도록 도와주시옵소서.
그리하여 ○○(이)가 주 안에서 자기를 지켜주시는 하나님을 묵상하는 한 날이 되기 원합니다. 사탄은 오늘도 ○○(이)를 유혹해서 하나님께 주목하지 않게 할 것입니다. 하나님이 없이도 살아간다고 하는 어리석은 생각을 하지 않게 하시옵소서.
    이어서 자녀의 상황에 따라 성령님께서 이끌어주시는 대로 빈다.
예수님의 이름으로 기도드립니다. 아멘

 잠 15:25을 소리를 내어 심장을 깨우듯이 읽으십시오.

23주차 3일

잠 15:27, 이익을 탐하는 자는 자기 집을 해롭게 하나 뇌물을 싫어하는 자는 살게 되느니라

그의 영광이 하늘보다 높으신 하나님,
○○(이)를 축복하면서 저희 부부가 먼저, 하나님의 사람으로 만들어짐에 감사드립니다. 오늘은 저희 자녀가 복 된 사람이 되기를 바라는 이기적인 욕망에서 축복의 기도가 시작되었는지를 돌아보게 하시옵소서. ○○(이)에게 계획을 갖고 계신 하나님께 방점을 찍게 하시옵소서. 자신의 욕심을 채우기 위하여 이익에 혈안이 되지 않게 하시옵소서. 아침이면 만나를 주우려고 들로 나갔던 이들의 삶을 ○○(이)에게 배우게 하시옵소서. 그리하여 자신이 얻으려 하는 게 아니고, 하나님께서 주신 것을 주어올 뿐이라는 것을 깨닫게 하시옵소서.
이익 때문에 남을 속이거나 남에게 손해를 끼치는 불의한 자가 되지 않도록 막아주시옵소서. 성령님께서 탐심을 ○○(이)의 마음에서 뽑아주시옵소서. 사탄의 유혹에 실족해서 하나님의 손길을 기다리지 못하고, 이익을 탐내지 않게 하시옵소서.
저희 자녀가 여호와 앞에서 이익을 원하지만, 손해를 보게 된다 하여도 하나님의 인도하심을 믿고 감사하게 하시옵소서. 하나님께서 인정하시지 않는 방법으로 자신의 욕심을 채우려 하지 않게 하시옵소서.
    이어서 자녀의 상황에 따라 성령님께서 이끌어주시는 대로 빈다.
예수님의 이름으로 기도드립니다. 아멘

 잠 15:27을 소리를 내어 심장을 깨우듯이 읽으십시오.

23주차 4일

잠 15:29, 여호와는 악인을 멀리 하시고 의인의 기도를 들으시느니라

구원이 되어 주시는 하나님,
새롭게 맞이한 오늘, 저희 가정에 하나님께 영광이 되기만을 위하여 살려는 마음을 주시옵소서. 저희 부부와 자녀가 오늘을 주 안에서 지내게 하시며, 여호와께 붙들려지기를 사모하게 하시옵소서.
예수님의 보혈로 하나님께 가까이 하게 하시고, 자녀로 삼아주셨으니, 그 은혜로 하나님의 품에서 지내는 한 날이 되기 원합니다. 늘 그러하였던 것처럼 오늘도 ㅇㅇ(이)를 가까이 해주시고, 지켜주시옵소서.
ㅇㅇ(이)를 사랑하사 하나님께서 멀리하시는 자들의 자리에 있지 않도록 지켜 주시옵소서. 오늘을 지내는 ㅇㅇ(이)의 삶이 우리 하나님께 향기로운 제사가 되기를 원합니다. 만에 하나라도, 하나님께서 미워하시는 악인의 행위를 저지르지 않게 하시옵소서.
ㅇㅇ(이)에게 하나님을 거역하는 죄를 짓지 않도록 성령님께서 강권해 주시옵소서. 하나님께 단절을 당하는 저주에 이르지 않게 하시옵소서. 이제와 같이 앞으로도 존귀하게 여겨주시옵소서.
그리하여 하나님께서 멸시하시는 지경에 처해지지 않도록 긍휼을 베풀어주시옵소서. 불쌍히 여겨주심에 복된 하루가 되게 하시옵소서.

　　　이어서 자녀의 상황에 따라 성령님께서 이끌어주시는 대로 빈다.

예수님의 이름으로 기도드립니다. 아멘

 잠 15:29을 소리를 내어 심장을 깨우듯이 읽으십시오.

23주차 5일

잠 15:33, 여호와를 경외하는 것은 지혜의 훈계라 겸손은 존귀의 길잡이니라

힘과 방패가 되어 주시는 하나님,

저희 자녀에게 하나님의 은혜의 시간을 누리도록 축복합니다. 택하신 백성을 하나라도 잃어버리지 않고, 다 회개하고 예수님을 믿기를 바라시는 하나님, 그 자비하심을 누리게 하시옵소서. ○○(이)에게 순간, 순간 하나님께서 주신 구원의 기회를 놓치지 않도록 도와주시옵소서. 오늘, ○○(이)가 주님의 보혈이 마음과 생각, 행동에까지 뿌려지는 은혜를 경험하게 하시옵소서. 구원에 이르게 해주신 지혜로 '오직 하나님'의 믿음을 소원하게 하시옵소서. 성령님께 충만하게 하시옵소서.

아브라함이 그의 아들을 하나님께 제물로 드렸듯이 저희 자녀를 하나님께 드리기 원합니다. 오늘, 그의 하루가 하나님께 제사가 되도록 도와주시옵소서. 그로 말미암아 하나님을 사랑하고 섬기는 인생이 되겠다는 다짐에 이르게 하시옵소서.

하나님이 없는 인생은 ○○(이)가 자신의 전부를 잃음이 되고, 하나님께서 함께 하시면 자기의 인생을 얻음을 확인하게 하시옵소서. 하나님께서 ○○(이)의 존재를 존귀하게 해주신다는 언약을 소망하게 하시옵소서. 종일을 지내면서 하나님을 바라게 하시옵소서.

이어서 자녀의 상황에 따라 성령님께서 이끌어주시는 대로 빈다.

예수님의 이름으로 기도드립니다. 아멘

 잠 15:33을 소리를 내어 심장을 깨우듯이 읽으십시오.

23주차 6일

잠 16:1. 마음의 경영은 사람에게 있어도 말의 응답은 여호와께로부터 나오느니라

사람의 중심을 보시는 하나님,
오늘, 저희 부부와 자녀에게 주 안에서 좋은 군사가 되도록 축복합니다. ○○(이)에게 의의 면류관을 바라보면서 복음과 함께 고난을 받는 대열에 서게 하시옵소서.
"말의 응답은 여호와께로부터 나오느니라."라고 축복해주셨습니다. 저희 자녀가 오늘 하루를 지내면서 응답하시는 하나님께 민감하게 하시옵소서. 그가 자신의 눈으로 보여 지는 모든 것들에는 하나님의 의도하심이 있다는 사실을 확인하게 하시옵소서.
하나님은 사람의 생각 이전에, 하나님께서 계획하시고, 그 의도하신 대로 성취하신다는 것을 배우기 원합니다. ○○(이)가 자신의 생각이나 지식 등 모든 것을 동원하여 생각하고, 꾸미는 계획이나 일들에 대하여 그대로 달성될 수 없다는 것을 깨닫게 하시옵소서.
성령 하나님께서 ○○(이)에게 혀를 사용하여 하나님께 고백을 말로 나타내게 하심을 배우게 하시옵소서. 하나님께서는 사람이 자신의 입술로 고백되거나 말해지게 하신다는 것을 배우게 하시옵소서. 그 입술의 말에 열매를 맺게 하시는 하나님을 묵상하게 하시옵소서.
　　이어서 자녀의 상황에 따라 성령님께서 이끌어주시는 대로 빈다.
예수님의 이름으로 기도드립니다. 아멘

 잠 16:1을 소리를 내어 심장을 깨우듯이 읽으십시오.

23주차 7일

잠 16:2, 사람의 행위가 자기 보기에는 모두 깨끗하여도 여호와는 심령을 감찰하시느니라

행동을 달아 보시는 하나님,
성삼위 하나님께 영광이 되기를 소원하며, 성령님께서 이끌어주시는 대로 인도를 받아 승리하는 삶이 되게 하시옵소서. 오늘은 저희 자녀에게 인간의 편협을 깨닫게 하시옵소서. 자신이 기준의 근거가 아니고, 하나님께 기준을 두어야 할 것을 배우게 하시옵소서.
○○(이)에게 '자기 보기'에 기준을 두지 않아야 함을 가르쳐 주시기를 원합니다. 구약의 사사시대에 소견에 좋은 대로 행하였던 이들과 같이 죄를 짓지 않도록 가르쳐 주시옵소서. 하루를 지내면서 모든 행위의 근거를 하나님께 두도록 이끌어주시옵소서.
저희 자녀가 자신이 생각할 때는 의롭다 여길지라도 하나님께서는 의롭다 여기지 않으신다는 것을 배우게 하시옵소서. 하나님께서는 사람의 행동이나 그의 마음까지도 살펴보시고, 공의로 판단하심을 깨닫게 하시옵소서.
사람의 내면, 그 깊숙한 데까지 감찰하시는 하나님이십니다. 저희 자녀가 오늘을 지내면서 하나님의 감찰하심을 주목하게 하시옵소서. 자기 자신의 생각보다 하나님의 공의에 민감하게 하시옵소서.
　　　이어서 자녀의 상황에 따라 성령님께서 이끌어주시는 대로 빈다.
예수님의 이름으로 기도드립니다. 아멘

 잠 16:2을 소리를 내어 심장을 깨우듯이 읽으십시오.

24주차 1일

잠 16:3, 너의 행사를 여호와께 맡기라 그리하면 네가 경영하는 것이 이루어지리라

오늘도 함께 하시는 주여,

저희 부부가 보기에도 그저 지나칠 수 없는 행동을 하는 자녀가 미워집니다. 그렇지만 ○○(이)에게 화를 내지 않도록 도와주시옵소서. 그가 하나님께 온전한 사람으로 자라도록 저희 가정에 맡겨주셨습니다. 부모로서 저희가 힘들어 할 때, 하나님께서도 기다려 주시옵소서.

오늘, 저희 자녀에게 하나님을 찾음에 대하여 가르쳐 주시옵소서. 하나님께서 그를 인도해주심을 배우게 하시옵소서. 자신의 생각이나 계획, 그리고 자신의 요구를 하나님께 요청하고, 하나님의 인도를 기다리게 하시옵소서.

오늘을 지내면서 오늘을 살아가는 것에서부터 하나님께 맡기게 하시옵소서. ○○(이)에게 자신을 하나님께 맡기는 습관을 지니도록 도와주시옵소서. 어려서부터 자신을 하나님께 맡기는 것을 배우게 하시옵소서. 하나님을 의지할 때, 하나님께서 이루어주실 것을 확신합니다.

○○(이)가 마음의 소원을 이루어주시는 하나님을 자기의 생활 속에서 고백하게 하시옵소서. 여호와께 자신을 맡겨 의지하면, 하나님께서 이루어주시고, 어려움을 만났을 때는 건져주실 것을 믿게 하시옵소서.

이어서 자녀의 상황에 따라 성령님께서 이끌어주시는 대로 빈다.

예수님의 이름으로 기도드립니다. 아멘

 잠 16:3을 소리를 내어 심장을 깨우듯이 읽으십시오.

24주차 2일

잠 16:4, 여호와께서 온갖 것을 그 쓰임에 적당하게 지으셨나니 악인도 악한 날에 적당하게 하셨느니라

홀로 주가 되시는 여호와여,
주 예수님의 십자가로 구원을 받았음에, 오늘, 한 날의 삶이 주님의 보혈, 그 피의 공로를 생각하며 지내게 하시옵소서. 저희 부부와 자녀에게 피 값이 지불되었음에 대하여 감격하게 하시옵소서.
오늘, 저희 자녀에게 "온갖 것을 그 쓰임에 적당하게 지으셨나니"라는 말씀에 주목하게 하시옵소서. 하나님께서 세상을 지으실 때, 되는 대로, 또는 아무렇게나 하신 것이 아님을 깨달아 알게 하시옵소서.
모든 지어진 것들에는 하나님의 뜻이 있음을 인정하게 하시옵소서. 하나님의 의도를 배우게 하시옵소서. 거기에, ○○(이)도 포함되어 있음에 감사하며, 오늘을 지내도록 도와주시옵소서. 이로써 자신에 대한 하나님의 뜻을 묵상하고, 그 뜻이 이루어지도록 자기를 인도하시는 하나님께 순종하게 하시옵소서.
○○(이)에게 하나님께서 세상을 심판하시는 날에, 그 심판의 대상이 되는 악인들이 있음을 기억하게 하시옵소서. ○○(이)가 여호와 앞에서 악인이 되어 심판을 받는 대상이 될까 두렵습니다. 하나님께서 미워하시는 일들로부터 자기를 지켜 의로움을 구하도록 하시옵소서.

　　　이어서 자녀의 상황에 따라 성령님께서 이끌어주시는 대로 빈다.
예수님의 이름으로 기도드립니다. 아멘

 잠 16:4을 소리를 내어 심장을 깨우듯이 읽으십시오.

24주차 3일

잠 16:7, 사람의 행위가 여호와를 기쁘시게 하면 그 사람의 원수라도 그와 더불어 화목하게 하시느니라

이스라엘의 여호와 하나님,
광야에서 가나안 땅을 소망하였던 이스라엘 백성처럼 저희에게 주님께서 다시 오심을 기다리게 하시옵소서. 저희 자녀에게 재림대망의 신앙으로 오늘을 살아가도록 축복합니다. 주님을 맞이할 준비를 하는 심령으로 이 날을 지내게 하시옵소서.
"여호와를 기쁘시게 하면"이라고 축복해주셨습니다. ○○(이)에게 어제의 삶에서 배운 대로, 자기를 향하신 하나님의 의도를 생각하게 하시옵소서. 하나님께 기쁨을 드리는 삶을 구하도록 도와주시옵소서. 오늘도 하나님께서 정해주신 뜻을 성경에서 배우게 하시옵소서.
하나님께서 자기에게 주신 명령을 따라 순전하게 사는 것에 한 날의 방점을 두게 하시옵소서. 자신의 개인적인 생각과 행동 그리고 남들과 더불어 지내는 관계에서 하나님의 뜻을 찾게 하시옵소서.
이에, 하나님의 사랑으로 남들에게 다가가게 해주시기 원합니다. 이웃은 물론, 자신을 미워하는 자들에게까지 사랑을 하여 계명을 지키는 자가 되게 하시옵소서. 사랑으로 하나님을 기쁘시게 해드리게 하시옵소서. 저희 자녀의 삶이 여호와께 기쁨이 되게 하시옵소서.

　　　　이어서 자녀의 상황에 따라 성령님께서 이끌어주시는 대로 빈다.
예수님의 이름으로 기도드립니다. 아멘

 잠 16:7을 소리를 내어 심장을 깨우듯이 읽으십시오.

24주차 4일

잠 16:9, 사람이 마음으로 자기의 길을 계획할지라도 그의 걸음을 인도하시는 이는 여호와시니라

하나님 여호와여,

저희에게 하나님의 말씀이 지키고 따를 계명이 되게 하시옵소서. 부모와 자녀가 하나님의 말씀에 착념하고, 그 교훈에 순종하기를 즐거워하게 하시옵소서. ○○(이)에게 성경이 예배를 드릴 때만 열어보는 책이 아니고, 매일의 생활 속에서 따라야 하는 말씀 되게 하시옵소서.

저희 자녀가 오늘 하루를 지내면서 하나님의 인도하심을 경험하게 하시옵소서. 하나님을 배우는 것만으로 ○○(이)에게 축복이라는 사실을 믿습니다. 한 날의 삶이 자신의 마음과 생각에 따라 살아지지 않고, 하나님의 계획에 따라 살게 되는 것임을 배우게 하시옵소서.

이에, ○○(이)가 자신의 생각을 갖기 전에, 먼저, 하나님의 생각에 집중하는 습관을 갖게 해주시기를 빕니다. 성령님께서 충만하게 하사 그의 마음과 생각을 하나님께 두게 하시옵소서. 하나님께서 주신 오늘의 의미를 생각하도록 하시옵소서.

저희 자녀에게 오늘을 하나님의 것으로 인정하고, 하나님께서 자기를 살게 하시는 것에 주목하게 하시옵소서. 자신의 눈앞에서 전개되는 상황을 보면서 걸음을 인도해주시는 하나님을 기다리게 하시옵소서.

이어서 자녀의 상황에 따라 성령님께서 이끌어주시는 대로 빈다.

예수님의 이름으로 기도드립니다. 아멘

 잠 16:9을 소리를 내어 심장을 깨우듯이 읽으십시오.

24주차 5일

잠 16:10, 하나님의 말씀이 왕의 입술에 있은즉 재판할 때에 그의 입이 그르치지 아니하리라

의로운 일을 좋아 하시는 하나님,
저희 자녀가 짐승과 아벨의 피보다 더 나은, 모든 죄를 속하는 예수님의 피를 믿게 하시옵소서. 대속의 은총에 감사하면서 더 좋은 부활을 얻기 위해서 신앙생활을 잘 하게 하시옵소서. 믿음으로 인내하며 더 나은 모든 것들을 바라보는 은혜에 들어가게 하시옵소서.
"하나님의 말씀이 왕의 입술에" 있다고 하셨습니다. ○○(이)에게 오늘은 하나님께서 왕을 자신의 대리자로 세워 한 나라를 통치하시기 원하셨음을 가르쳐 주시옵소서. 그 하나님께서 저희 자녀를 자신의 대리자로 세우셨음에 ○○(이)가 주목하게 하시옵소서.
○○(이)에게 오늘, 한 날을 사는 것이 자기를 위한 삶이 아니며, 하나님의 대리자로 살아야 한다는 것을 깨닫기 원합니다. 저희 자녀가 성령님께 충만 되어 하나님의 말씀으로 살게 하시옵소서. 자신이 입술에 하나님의 말씀이 있음을 의식하도록 도와주시옵소서.
하루를 지내면서 하나님처럼 살려는 소원을 갖게 하시옵소서. 순간순간에 부딪치는 상황을 하나님의 대리자로서 대응하게 하시옵소서. 여전히 죄의 본성의 남아있는 자신의 생각을 주장하지 않게 하시옵소서.

　　　이어서 자녀의 상황에 따라 성령님께서 이끌어주시는 대로 빈다.

예수님의 이름으로 기도드립니다. 아멘

 잠 16:10을 소리를 내어 심장을 깨우듯이 읽으십시오.

24주차 6일

잠 16:18, 교만은 패망의 선봉이요 거만한 마음은 넘어짐의 앞잡이니라

부족함이 없게 하시는 하나님,

저희 자녀에게 예수님의 모습으로 살게 하시옵소서. 사랑을 위하여, 복음을 위하여, 선한 일을 위하여 수고하려는 마음을 주시옵소서. 이웃에 대하여서는 시킨다거나 주장하지 않고, 겸손함으로 대하게 하시옵소서. 주님의 마음으로 이웃을 섬기도록 이끌어 주시옵소서.

○○(이)가 예수님을 믿는 증거의 첫째로 교만하지 않게 하시옵소서. 죄의 본성은 저희 자녀의 마음에 교만을 충동해서 남들보다 자기가 낫다고 여기기를 좋아하게 할 것입니다. 자기를 다른 사람에게 비교하여 자신을 그들의 우위에 두려합니다.

교만으로 ○○(이)의 마음에서 하나님을 잊으며, 또는 하나님께 대들까 두렵습니다. 오늘을 지낼 때, 성령님께 충만하게 하시며, 마음과 생각으로 교만하지 않게 하시옵소서. 마음에 교만이 들어와서 혹시라도 친구들보다 자신이 낫다고 여겨지는 마음이 들지 않게 하시옵소서.

저희 자녀가 남들 앞에서 자기를 비교하지 않게 하시옵소서. 이웃에게 겸손하기를 원합니다. 하나님께서 각 사람을 다르게 지으셨기 때문에 누구에게나 훌륭함이 있음을 인정하게 하시옵소서. 사람들 앞에서 자신을 다스려 겸손하도록 인도해주시옵소서.

   이어서 자녀의 상황에 따라 성령님께서 이끌어주시는 대로 빈다.

예수님의 이름으로 기도드립니다. 아멘

 잠 16:18을 소리를 내어 심장을 깨우듯이 읽으십시오.

24주차 7일

잠 16:29, 강포한 사람은 그 이웃을 꾀어 좋지 아니한 길로 인도하느니라

주의 백성 이스라엘의 여호와여,
저희 자녀의 하루를 축복합니다. 하나님을 사랑하고, 악한 욕망을 버리도록 도와주시옵소서. 나아가 모든 일을 성령님의 감동 안에서 믿음으로 대하도록 하시옵소서. 믿음으로 하나님께 지혜를 구하고, 혹시 시험을 당한다면 인내하며 기도하도록 이끌어 주시옵소서.
오늘, 성령님께서 ○○(이)의 마음을 다스려주시기 원합니다. 저희 자녀가 충만히 임재하시는 성령님께 반응하게 하시옵소서. 그래서 죄의 본성으로 말미암아 악을 향해 있는 마음을 대항하게 하시옵소서.
자기의 유익을 위해서 악을 꾀하려 하는 것을 거절하도록 성령님께서 강권해주시옵소서. 아울러 자신의 탐욕을 채우려고 다툼을 일으키기도 하는 것에서 떠나도록 도와주시옵소서. ○○(이)에게 언제나 이웃에 대하여서는 자신이 손해를 보려는 마음을 품게 하시옵소서.
○○(이)가 오늘을 지내면서 친구들이나 이웃에게 이간하는 죄를 짓지 않도록 은혜를 내려 주시옵소서. 그들을 대할 때, 늘 사랑으로 다가가게 하시며, 남을 세워주는 자가 되게 하시옵소서. 주님께서 보여주신 십자가의 사랑을 경험하게 하시옵소서.

이어서 자녀의 상황에 따라 성령님께서 이끌어주시는 대로 빈다.

예수님의 이름으로 기도드립니다. 아멘

 잠 16:29을 소리를 내어 심장을 깨우듯이 읽으십시오.

25주차 1일

잠 16:30, 눈짓을 하는 자는 패역한 일을 도모하며 입술을 닫는 자는 악한 일을 이루느니라

인생에게 응답이 되어 주시는 하나님,

하나님이 기억하시는 자의 삶은 헛되지 않다고 하신 약속이 저희 자녀에게서 증거 되기 원합니다. 그 이름이 생명책에 기록된 사람은 헛되지 않다는 것을 자기의 것으로 확인하게 하시옵소서. 이로써 오늘도 하나님을 경외하고, 그 명령을 지키기를 소원하게 하시옵소서.

슬프게도 저희 자녀가 어둠의 영에게 자신을 내어준 듯합니다. 오락과 음담패설을 즐겨서인지, 깨끗하지 못한 것에 마음을 내어주어서인가요? 그의 불손한 태도와 상냥하지 못한 말씨를 다스려주시옵소서. 하나님의 불쌍히 여기심의 은총을 ○○(이)에게 내려주시옵소서.

오늘, 하나님 앞에서 눈짓을 하지 않도록 성령님께서 이끌어 주시옵소서. 악한 궤계를 더 잘 생각해 내기 위해서 눈짓을 하는 죄를 짓지 않도록 막아주시옵소서. 오늘도 순간, 순간에 성령님께 충만하게 이끌려서 하나님을 생각하기 원합니다.

저희 자녀가 악한 일을 하기 위하여 결심을 하지 않도록 막아주시옵소서. 오직 결심은 하나님의 일에 두게 하시옵소서. 자기를 일꾼 삼아주신 주님의 제자로서 지금의 나이에서 살기를 소원하게 하시옵소서.

이어서 자녀의 상황에 따라 성령님께서 이끌어주시는 대로 빈다.

예수님의 이름으로 기도드립니다. 아멘

 잠 16:30을 소리를 내어 심장을 깨우듯이 읽으십시오.

25주차 2일

잠 16:31, 백발은 영화의 면류관이라 공의로운 길에서 얻으리라

나를 살피시는 주여,

이 날에, 저희 가족에게 오직 성령님께서 감동해주시고, 이끌어주시는 대로 인도함을 받으면서 지내게 하시옵소서. 이제, 본격적으로 무더워지는 여름으로 들어가는데, 더위로 말미암아 게으르지 않게 하시옵소서. 더위에 적응하면서 하나님께 열심을 더하게 하시옵소서.

저희 자녀에게 더욱 더 하나님께 집중하도록 도와주시옵소서. 가정과 교회에서 신앙의 선배들에게 영향을 받으면서 자라도록 이끌어 주시옵소서. 그들에게 임했던 성령님의 충만하심이 ○○(이)에게 그대로 임하기 원합니다. 동일하신 성령님의 역사를 경험하게 하시옵소서.

이로써 아버지 세대에서 경험되었던 은혜가 자녀의 세대로 전달되게 하시옵소서. 가정은 물론 교회에서 배우는 하나님의 이야기를 자기의 생명으로 삼게 하시옵소서. ○○(이)가 교회 어른들의 신앙을 자기의 것으로 여기기를 사모하도록 성령님께서 강권해주시옵소서.

가정에서는 부모를 존경하게 하시옵소서. 교회에서는 어른들을 존경하게 하시옵소서. 가정과 교회는 저희 자녀에게 성장을 위하여 주신 거룩한 환경이라고 믿습니다. ○○(이)가 오늘도 그들의 영향 속에서 자라가기를 흠모하게 하시옵소서.

　　　이어서 자녀의 상황에 따라 성령님께서 이끌어주시는 대로 빈다.

예수님의 이름으로 기도드립니다. 아멘

 잠 16:31을 소리를 내어 심장을 깨우듯이 읽으십시오.

25주차 3일

잠 17:1, 마른 떡 한 조각만 있고도 화목하는 것이 제육이 집에 가득하고도 다투는 것보다 나으니라

얼굴을 우리에게로 향하시는 하나님,

저희 자녀에게 하나님께서 함께 하시는 하루가 되기를 축복합니다. 사랑하는 ○○(이)에게 하나님께서 함께 하심으로 점점 강해지게 하시옵소서. 그리고 점점 부해지는 자신을 확인하게 하시옵소서. 또한 하나님께서 이루신 큰 구원, 큰 승리를 획득하도록 도와주시옵소서.

주님의 십자가 은혜로 하나님과 화목을 누리게 하시고, 화목한 삶을 주셨는데, 저희 자녀가 여호와 앞에서 화목을 잃지 않도록 도와주시옵소서. 온 가족이 하나님을 예배하는 생활을 해도, 가정에 화목이 없으면 아무 것도 아님을 깨닫게 해주시기를 원합니다.

주님께서 십자가에서 흘려주신 피로 저희들의 심령을 적셔 주시옵소서. 그 피가 부모와 자녀의 심령에 넘쳐서 저희들에게 은혜의 풍성함에로 들어가게 하시옵소서. 이로써 육신의 가족에서 영의 가족이 되는 삶의 은혜를 공유하게 하시옵소서.

주님의 피 안에서 화목을 경험하고, 저희 가족이 예배의 영광에 참여하게 하시옵소서. 함께 예배하면서 주님의 한 몸이 되는 것을 경험하도록 이끌어주시옵소서.

    이어서 자녀의 상황에 따라 성령님께서 이끌어주시는 대로 빈다.

예수님의 이름으로 기도드립니다. 아멘

 잠 17:1을 소리를 내어 심장을 깨우듯이 읽으십시오.

25주차 4일

잠 17:3, 도가니는 은을, 풀무는 금을 연단하거니와 여호와는 마음을 연단하시느니라

우리를 위하여 싸우시는 하나님,

하나님, 정말로 살아계십니까? 하나님, 왜 저의 기도는 외면하십니까? 어리석게도 지금 저는 하나님께 분노합니다. 오랜 시간을 자녀를 축복하며 기도해오고 있는데, ○○(이)는 조금도 달라지지 않고, 저희 부부의 속을 시끄럽게 합니다. 저희 가정에 하나님이 되어주시옵소서.

"여호와는 마음을 연단하시느니라."라고 축복해주셨습니다. 저희 가정에서 부모와 자녀의 갈등으로 힘들어하기보다 서로를 훈련하는 기회로 삼게 하시옵소서. 어떤 상황에서도 그것을 좋고, 나쁨으로 받아들이기 전에, 하나님께서 주시는 기회로 받게 하시옵소서.

도가니와 풀무가 광석을 녹여서 순수한 은과 금을 분리하여 내듯이, 저희들에게서 걸러내어져야 할 것들이 걸러지게 하시옵소서. 우리 하나님께서는 갈등이나 참기 어려운 상황들을 통해서 하나님의 사람으로 세워지게 하시옵소서.

부모로 말미암은 갈등이 ○○(이)에게 하나님의 사람으로 세워지는 축복이 되게 하시옵소서. 그리고 저희 부부에게는 자녀를 탓하기보다는 ○○(이)로 말미암아 저희 부부가 하나님께 다스려지게 하시옵소서.

    이어서 자녀의 상황에 따라 성령님께서 이끌어주시는 대로 빈다.

예수님의 이름으로 기도드립니다. 아멘

 잠 17:3을 소리를 내어 심장을 깨우듯이 읽으십시오.

25주차 5일

잠 17:5, 가난한 자를 조롱하는 자는 그를 지으신 주를 멸시하는 자요
사람의 재앙을 기뻐하는 자는 형벌을 면하지 못할 자니라

우리를 돌아보시는 주여

이미, 저희 가정은 하나님께 드려졌음에 감사드립니다. 예수님께 저희의 생명을 드릴 것을 약속한 그대로 살아드리게 하시옵소서. 새 날을 주신 오늘도 저희 자녀가 성령님께 충만하게 하시옵소서.

ㅇㅇ(이)에게 오늘, 하루의 삶이 하나님께 드려도 좋은 시간이 되기 원합니다. 무엇을 하거나 사람들을 대하는 경우에, 먼저 하나님을 바라보게 하시옵소서. 저희 자녀가 하려는 일들에, ㅇㅇ(이)에게 향하시는 하나님의 뜻이 들어있음을 주목하게 하시옵소서.

오늘, "가난한 자를 조롱하는 자는 이를 지으신 주를 멸시하는 자요"라는 말씀을 ㅇㅇ(이)가 자신의 심령에 새기도록 도와주시옵소서. 사람이 하나님의 피조물일진대, 사람을 대하는 것이 곧 하나님께 하는 행위임을 기억하게 하시옵소서. 성령님께서 지켜주시옵소서.

누구에게라도 무시하거나 건방지게 굴어서 그를 지으신 하나님을 대항하는 행위가 되지 않도록 이끌어 주시옵소서. 어떤 사람이 ㅇㅇ(이)를 힘들게 할지라도 그것을 견딜 수 있도록 기도하게 하시옵소서. 그 사람에게서 하나님을 보게 하시옵소서.

　　　　이어서 자녀의 상황에 따라 성령님께서 이끌어주시는 대로 빈다.

예수님의 이름으로 기도드립니다. 아멘

 잠 17:5을 소리를 내어 심장을 깨우듯이 읽으십시오.

25주차 6일

잠 17:6, 손자는 노인의 면류관이요 아비는 자식의 영화니라

복을 주시는 하나님,

인간에게는 아무도 안 보는 것 같아도 하나님은 항상 보신다는 것을 저희 자녀가 잊지 않기를 원합니다. 사랑하는 ○○(이)가 보시는 하나님 앞에서 사람보다 하나님을 기쁘시게 하는 순종의 삶을 결단하게 하시옵소서.

오늘은 저희 자녀에게 가문에 복을 내리시는 하나님을 묵상하게 하시옵소서. 그리고 자신이 부모를 대하는 행동으로 하나님께 나아가는 것에 대하여 주목하게 하시옵소서. ○○(이)가 저희 가정에 하나님의 복을 주심에 대한 증거인 줄로 믿습니다.

오늘을 지내면서 ○○(이)가 부모에게 기쁨이 되는 자녀가 되어야 한다는 사실에 집중하기 원합니다. 하나님께서 그에게 복을 주심으로 가문을 축복하시는 것을 배우게 하시옵소서. 자녀가 부모에게 기쁨이 될 때, 그 자세가 하나님께로 향한다는 것도 깨닫도록 도와주시옵소서.

○○(이)가 가정에서 뿐만 아니라 교회에서도 어른들에게 즐거움이 되어드릴 것을 사모하도록 은혜를 주시옵소서. 저희 자녀가 교회의 어른들에게 기쁨을 드릴 때, 하나님께 드림이 되는 것을 경험하게 하시옵소서. 교회에서 유익한 사람으로 자라도록 이끌어주시옵소서.

    이어서 자녀의 상황에 따라 성령님께서 이끌어주시는 대로 빈다.

예수님의 이름으로 기도드립니다. 아멘

 잠 17:6을 소리를 내어 심장을 깨우듯이 읽으십시오.

25주차 7일

잠 17:7, 지나친 말을 하는 것도 미련한 자에게 합당하지 아니하거든 하물며 거짓말을 하는 것이 존귀한 자에게 합당하겠느냐

얼굴을 우리에게 비추시는 하나님,
오늘이 저희 자녀에게 축복이기를 빕니다. ○○(이)에게 하나님의 선하신 손이 도와주시는 시간이 되게 하시옵소서. 그리하여 하나님의 시간에 ○○(이)가 하는 일들이 형통하도록 이끌어 주시옵소서. 언제나 어디서나 함께 하시는 하나님을 경험하게 하시옵소서.

저희 자녀의 입술이 하나님의 영에게 붙들려지기 원합니다. 미련한 사람에게서도 지나친 말을 합당하지 않게 여기시는 하나님 앞에서 말에 주의하게 하시옵소서. 성령님께서 그의 입술을 주장해주시옵소서.

○○(이)에게 자신이 하나님의 피조물이라는 사실이 증명되는 입술이 되게 하시옵소서. 오늘을 지내는 중에, 그의 입술에서 나오는 말들이 하나님께 드릴만하고, 듣는 자들에게 유익하게 하시옵소서. ○○(이)에게 입술의 열매로 하나님께 영광이 되게 하시옵소서.

성령님께서 종일, ○○(이)의 입술을 붙잡아주셔서 성도의 언어를 즐기게 하시옵소서. 자신의 유익을 위하여 거짓말을 하고 싶은 유혹으로부터 마음을 돌리게 하시옵소서. 오늘, 그의 입술에서 나오는 말마다 성령의 열매가 되게 하시옵소서.

　　　이어서 자녀의 상황에 따라 성령님께서 이끌어주시는 대로 빈다.
예수님의 이름으로 기도드립니다. 아멘

 잠 17:7을 소리를 내어 심장을 깨우듯이 읽으십시오.

26주차 1일

잠 17:9, 허물을 덮어 주는 자는 사랑을 구하는 자요 그것을 거듭 말하는 자는 친한 벗을 이간하는 자니라

마음이 상한 자를 가까이 하시는 하나님,
저희 자녀가 오늘, 세상의 모든 것들을 창조하신 하나님의 전능하심을 자기의 것으로 누리게 하시옵소서. ○○(이)에게 부딪쳐 있는 어려운 상황들을 좋은 것들로 바꾸어주실 하나님을 기대하게 하시옵소서. 하나님께서 ○○(이)의 인생을 변화시켜 주심을 믿게 하시옵소서.
"허물을 덮어 주는 자는 사랑을 구하는 자요"라고 축복해주셨습니다. 자기 자신에게 익숙한 저희 자녀가 이웃에게로 마음을 향하게 하시옵소서. 늘 자기에게 고정되었던 눈으로 이웃을 쳐다보고, 이웃을 사랑하시는 하나님을 묵상하게 하시옵소서. ○○(이)가 이웃을 통해서 자기를 바라보시는 하나님께 주목하게 하시옵소서.
오늘, ○○(이)에게 처음으로 이웃에게 묵과하는 은혜를 경험하게 하시옵소서. 이웃의 행동을 그대로 지켜보게 하시옵소서. 그의 실수나 허물을 탓하지 않고, 그대로 보아주는 마음을 경험하게 하시옵소서. 비난하는 것에 '선수'였던 입술을 하나님께로 중보하게 하시옵소서. 이웃의 잘못을 들추어내어 그를 고립에 빠뜨리지 않게 하시옵소서. 하나님의 용서와 관용으로 이웃을 대하도록 도와주시옵소서.

    이어서 자녀의 상황에 따라 성령님께서 이끌어주시는 대로 빈다.
예수님의 이름으로 기도드립니다. 아멘

 잠 17:9을 소리를 내어 심장을 깨우듯이 읽으십시오.

26주차 2일

잠 17:12, 차라리 새끼 빼앗긴 암콤을 만날지언정 미련한 일을 행하는 미련한 자를 만나지 말 것이니라

영광으로 계시는 여호와여,

저희 자녀의 속에 무엇이 들어 있어서 부모에게 불순종하는지 알 수 없어 낙심됩니다. 그러나 언제나 부모에게 순종하면서 자라기를 바란 것이 어리석게 여겨질지라도 그를 향한 하나님께의 소망을 잃지 않게 하시옵소서. 저희 부부의 의무는 그를 축복하는 것이라 믿습니다.

오늘, ○○(이)가 성령님께 충만하기 원합니다. 인간의 죄성으로 남아 있는 미련함을 거절하고, 지혜로 풍성해지게 하시옵소서. 성령님의 역사로 지혜를 더하는 삶이 되게 하시옵소서. 그 지혜로 하나님께와 사람들에게 천국 백성의 자세로 나아가게 하시옵소서.

사탄은 ○○(이)의 영을 흐리게 하고, 미련하게 하여 영적으로 무분별하게 할 것입니다. 또한 영의 분별을 하지 못하게 해서 하나님께 대하여 어리석은 선택을 하게도 할 것입니다.

그 미련함은 인간이 부패한 감성을 자극해서 죄악으로 달려가도록 할 것입니다. 종일을 지내는 동안에, 성령님께서 ○○(이)의 심령에 충만하사 미련함을 몰아내어 주시옵소서. 자신의 즐거움을 위해서 이웃에 대하여 무자비하지 않도록 성령님께서 다스려 주시옵소서.

　　　이어서 자녀의 상황에 따라 성령님께서 이끌어주시는 내로 빈다.

예수님의 이름으로 기도드립니다. 아멘

 잠 17:12을 소리를 내어 심장을 깨우듯이 읽으십시오.

26주차 3일

잠 17:13, 누구든지 악으로 선을 갚으면 악이 그 집을 떠나지 아니하리라

귀를 기울여 들으시는 여호와여,

저희 자녀에게 온전함에 이르기를 축복합니다. ○○(이)도 스스로의 소원이 하나님 앞에서와 사람 앞에서 온전함에 이르는 것으로 삼게 하시옵소서. 그의 마음과 생각, 말과 행동이 온전하게 하시옵소서. 그리하여 마침내 하나님께 인정받음을 누리게 하시옵소서.

오늘, 저희 자녀가 하나님 앞에서 '대접의 원리'에 주목하게 하시옵소서. 성경에서 배운바 대로 이웃과의 관계에서 대접의 원칙을 지키며 지내도록 도와주시옵소서. 상대방의 태도에 따라 반응하는 삶이 아니고, 대접을 받고자 하는 대로 자신이 먼저, 대접하기 원합니다.

오늘을 지내는 중에, ○○(이)에게 대접의 기쁨을 누리게 하시옵소서. 이로써 갚는 삶이 아니고, 먼저, 베푸는 삶이 되게 하시옵소서. 그의 하루에서 갚는 것보다 베푸는 것이 늘어나게 하시옵소서. 성령님께서 그에게 선한 행실의 영으로 충만하게 하시옵소서.

긍휼로 베풀고, 선한 마음에서 베풀 때, 악으로 갚게 되는 기회가 없게 될 것입니다. 주님께서 십자가에서 흘려주신 보혈의 은혜로 이웃에게 배품의 삶을 자신의 것으로 삶게 하시옵소서.

　　　이어서 자녀의 상황에 따라 성령님께서 이끌어주시는 대로 빈다.

예수님의 이름으로 기도드립니다. 아멘

 잠 17:13을 소리를 내어 심장을 깨우듯이 읽으십시오.

26주차 4일

잠 17:14, 다투는 시작은 둑에서 물이 새는 것 같은즉 싸움이 일어나기 전에 시비를 그칠 것이니라

즐거워하게 하시는 하나님,
오늘, 저희 자녀에게 선을 포기하지 않고, 이어가도록 축복합니다. 오늘도 계속해서 선한 일에 힘쓰게 하시옵소서. 부모와 함께 지내면서, 또한 교회에서 성도들로부터 배운 대로 선행을 계속하게 하시옵소서. "싸움이 일어나기 전에 시비를 그칠 것이니라."는 말씀을 저희 자녀가 축복으로 갖게 하시옵소서. 작은 다툼이 커다란 싸움으로 확장된다는 것을 알게 하시옵소서. 심지어는 법정에까지 가서 시비를 가리게 된다는 경고를 결코 가볍게 여기지 않도록 도와주시옵소서.
○○(이)가 사람을 대하면서 자신을 이롭게 해주는 대상으로만 기대하지 않게 하시옵소서. 때로는 사람으로 말미암아 자신의 이익을 구하려거나 이익을 챙기려 하지 않도록 이끌어주시옵소서. 성령님의 충만하심 안에서 이웃을 받아들이게 하시옵소서.
오늘을 지내는 중에, 접촉하게 되는 친구들이나 만나는 사람들과의 관계에서 다툼을 피하게 하시옵소서. 가정과 가족, 친척 그리고 교회에서 접촉하는 이들은 교제와 사랑의 대상으로 받아들이게 하시옵소서. 성령님의 은혜 안에서 한 몸을 지키기 위하여 노력하게 하시옵소서.

    이어서 자녀의 상황에 따라 성령님께서 이끌어주시는 대로 빈다.

예수님의 이름으로 기도드립니다. 아멘

 잠 17:14을 소리를 내어 심장을 깨우듯이 읽으십시오.

26주차 5일

잠 17:17, 친구는 사랑이 끊어지지 아니하고 형제는 위급한 때를 위하여 났느니라

온 땅에 큰 왕이 되시는 하나님,

오늘, 하나님 앞에서 저희 자녀가 하나님 중심, 성전 중심의 삶을 살아가도록 축복합니다. ○○(이)가 성전이신 예수님께로부터 생명수가 흘러넘치는 것을 경험하게 하시옵소서. 예수님을 구주로 모시고, 주님을 자신의 중심으로 삼는 한 날이 되도록 이끌어 주시옵소서.

한 날을 지내는 중에, ○○(이)에게 '친구'와 '형제'라는 낱말에 마음을 두게 하시옵소서. 집에서, 동네에서, 학교의 교실에서 사람들과 접촉하게 될 때, 성령님께서 '친구'와 '형제'라는 낱말에 주목하도록 가르쳐 주시옵소서. 그들에게서 하나님의 의도를 묵상하게 하시옵소서. ○○(이)가 성령님께서 주신 생각 안에서 친구로 받아들인 경우에는 사랑이 끊어지지 않는 은혜를 경험하게 하시옵소서. 또한, 혈연을 떠나서 형제로 받아들인 경우에는 위급한 순간에 함께 하도록 이끌어주시옵소서.

주님의 사랑으로 끝까지 사랑하게 하시며, 위급한 때를 위하여 형제로 있는 것을 배우게 하시옵소서. 친구가 되어주시고, 형제가 되어주신 예수님을 따르게 하시옵소서.

> 이어서 자녀의 상황에 따라 성령님께서 이끌어주시는 대로 빈다.

예수님의 이름으로 기도드립니다. 아멘

 잠 17:17을 소리를 내어 심장을 깨우듯이 읽으십시오.

26주차 6일

잠 17:22, 마음의 즐거움은 양약이라도 심령의 근심은 뼈를 마르게 하느니라

은혜를 베푸시는 주여,

하나님께서 잠에서 깨워주시고, 새 날을 맞이한 오늘이 저희 부부와 자녀에게 축복이 되기를 빕니다. 집안의 모습이 늘 보던 것들이지만 오늘은 새롭게 해주시고, 그 새로움에서 하나님의 즐거움을 선물로 받게 하시옵소서.

주님께서 오심으로써 양으로 생명을 얻게 하셨음을 경험하게 하시옵소서. 그 경험 속에서 예수님을 주님으로 부르는 즐거움, 하늘로부터 임하는 평안을 누리게 하시옵소서. ○○(이)가 그 즐거움으로 심령의 부요를 느끼도록 도와주시옵소서.

오늘을 지내는 중에, ○○(이)에게 참 즐거움이 세상에서 얻어지지 않고, 오직 성령님께 충만해지고, 하나님의 말씀으로 취해지기 빕니다. 사람은 그 무엇으로도 ○○(이)에게 즐거움을 주지 못할 것입니다. 또한 세상에 있는 것들은 ○○(이)의 심령에 기쁨이 되지 못하겠지요.

하나님께서 저희 자녀에게 전부이십니다. 종일을 지낼 때, ○○(이)에게 순간, 순간 성령님께서 주시는 즐거움을 맛보게 하시옵소서. 그 즐거움으로 심령의 평안을 취하는 데까지 이르게 하시옵소서.

    이어서 자녀의 상황에 따라 성령님께서 이끌어주시는 대로 빈다.

예수님의 이름으로 기도드립니다. 아멘

 잠 17:22을 소리를 내어 심장을 깨우듯이 읽으십시오.

26주차 7일

잠 17:24. 지혜는 명철한 자 앞에 있거늘 미련한 자는 눈을 땅 끝에 두느니라

의로 이끌어 주시는 주여,

6월의 끝 날에 하나님의 이름을 높여드립니다. 매일, 자녀를 위해 기도하는 것을 배우게 하신 하나님이십니다. 그를 축복하면서 하나님의 가슴으로 자녀를 사랑하게 되었습니다.

저희 자녀가 천국 일꾼으로 살아가기를 소원하게 하시옵소서. 오늘, 그 스스로 새 날을 맞아들이면서, 함께 하실 하나님을 기대하게 하시옵소서. 저희 부부가 하나님만 의지하며 지내왔던 것처럼 ○○(이)에게도 하나님만을 바라는 믿음을 주시옵소서.

"지혜는 명철한 자 앞에 있거늘"이라고 축복해주셨습니다. 하나님을 사랑하고, 하나님의 말씀으로 살아가려는 마음을 주시옵소서. 오직 하나님께 자신의 생각을 고정시키도록 도와주시옵소서. 그리하여 ○○(이)에게 마음과 생각을 지혜에 주목하도록 은혜를 내려 주시옵소서.

저희 자녀가 오늘을 살도록 하시는 하나님의 계획에 마음을 두게 하시옵소서. 하나님께로부터 멀어지도록 유혹하는 사탄의 참소를 물리치게 하시는 성령님의 편에 서게 하시옵소서. 하나님께서 싫어하시는 것들에 대하여서는 단호하게 거절하도록 도와주시옵소서.

　　이어서 자녀의 상황에 따라 성령님께서 이끌어주시는 대로 빈다.

예수님의 이름으로 기도드립니다. 아멘

 잠 17:24을 소리를 내어 심장을 깨우듯이 읽으십시오.

맺는 글

하나님께서는 애들을 키우시고, 우리에게는 하나님께 여쭈라 하신다.

마노아의 아내는 하나님의 사자가 그녀에게 잉태하리라는 약속과 그것을 위해 계율을 지키라는 말을 들려준 것을 남편에게 전하였다. 이어서 앞으로 마노아가 이 사실을 믿고, 그녀가 계율을 잘 지킬 수 있도록 도와줄 것을 그에게 부탁하였다.
이에, 마노아는 간구하였다. 그것은 약속을 받은 기쁨에 넘쳐서 그의 아내가 계율을 어기고 잘못을 저지를까 염려하여, 전에 보내셨던 그 사자를 다시 보내어 나실인으로 태어날 아이에게 어떻게 그들이 행해야 할 것인가를 다시 알려 주시도록 하나님께 여쭌 것이다.
"주여 주의 보내셨던 하나님의 사람을 우리에게 다시 임하게 하소서. 우리는 그의 말을 더욱 잘 알고자 하나이다."
마노아는 하나님의 사자를 만나기 위해서 무릎을 꿇고 하나님께 기도드렸으며, 그리하여 주의 사자를 찾고 만나보게 되었다. 하나님의 사자에게 급히 달려온 마노아는 기뻐하였다. 그리고 겸손한 마음으로 약속된 말씀에 응답하였다. "당신의 말씀대로 되기를 원하나이다."
마노아는 사자에게 아내에게 내렸던 지시를 다시 말해줄 것을 요청하기에 이른다. 왜냐하면 아이가 성장하여 하나님에게 바쳐질 그 위대한 일을 위해서 부모가 함께 서로 주의하고, 오직 하나님의 사람으로 키우는데 최선을 다해야 하기 때문이었다.

하나님의 사자는 그가 전에 알려 준 지시를 다시 말해 주었다.
-내가 금한 "모든 것을 그 여자로 하여금 알게 하라."
-내가 "명한 것들을 지키도록 하라."
우리들 자신이 올바로 행하고, 자식들에게 좋은 교육을 행하기 위해서 우리는 주의하고 매우 세심하게 살펴야 한다. 하나님께서 보내주신 자녀를 가진 양육해야 될 사명을 지닌 부모는 세심한 관심을 기울여 자녀를 훈계해야 한다.
부모는 마땅히 자녀의 마음에 스며있는 죄성의 어리석음을 몰아내게 해주고, 올바른 길을 가도록 교육시켜야 한다. 이것이 마노아의 기도가 우리에게 가르쳐 주는 교훈이다.
이에, 마노아의 심정을 배워서 자녀를 위하여 간구하기로 결심하였다. 그리고 잠언을 텍스트로 삼아 애들의 성장에 하나님께서 간섭해주시고, 하나님의 지혜를 그들이 사모하도록 기도하였다. 그렇게 간구하였던 시간을 다시 원고로 정리해서 이 땅의 마노아들과 나누고 싶어 책으로 엮게 되었다.
부족한 사람이 기도했던 시간에, 함께 해주시고, 귀찮아하지 않으시고, 응답해주셨던 하나님의 손길을 똑 같이 경험하기를 소원하며 이 책을 내어놓는다. 하나님께서는 애들을 키우시고, 우리에게는 하나님께 여쭈라 하신다.

주후 2016년 3월에, 한치호 목사

평생에 한번, 가족을 사랑하는 시간에 도전한다.

가족을
축복하는
읽는 기도
100일

한치호 목사 기도

가족을 축복하시는 하나님의 의도

우리는 가정을 위해서 기도해야 한다. 가정에서 더불어
살아가는 지체들은 사랑이라는 이름으로 올려드리는
우리의 기도를 요구한다. 기도는 우리가 가족을
사랑하는 적극적인 표현이다.

- 가족이 한 몸으로 하나님을 경외하게 하기 위해서 간구해야 한다.
- 가족이 강건하여 형통의 복을 누리기 위해서 간구해야 한다.
- 부모의 복된 인생을 위하여 축복하는 자녀들이어야 한다.
- 자녀의 삶이 여호와께 복이 되도록 축복하는 부모가 되어야 한다.
- 자녀가 잘 되고, 그들의 장래가 있도록 부모는 간구해야 한다.

신국판 336쪽, 정가 5,000원
|종려가지| 총판:일오삼 (02.964.6993)